THE EVERYTHING

WORD SEARCH

for the **BEACH**

BOOK

THE
EVERYTHING®
Word Search
for the Beach Book

Dear Reader,

Like a day at the beach, word search puzzles are meant to be relaxing. That's why I created these puzzles: to entertain, not strain, your brain. Finding the words in the grids requires an easy concentration and gentle focus. For us word lovers, this is the perfect activity to keep our brains happy while we lazily lounge by the water.

Except for the things we wear (or don't wear), going to the beach is an activity that hasn't changed much in generations. These puzzles fit right into that low-tech world: a little sand won't hurt them, no batteries are required, and nothing can break. All you need is a pen or pencil and, unlike most modern forms of entertainment, an engaged brain.

So I hope you'll have fun with these puzzles the next time you are at the beach, or just wish you were at the beach. May you find everything that you're searching for!

Charles Timmerman

Welcome to the EVERYTHING® Series!

These handy, accessible books give you all you need to tackle a difficult project, gain a new hobby, comprehend a fascinating topic, prepare for an exam, or even brush up on something you learned back in school but have since forgotten.

You can choose to read an *Everything*® book from cover to cover or just pick out the information you want from our four useful boxes: e-questions, e-facts, e-alerts, and e-ssentials. We give you everything you need to know on the subject, but throw in a lot of fun stuff along the way, too.

We now have more than 400 *Everything*® books in print, spanning such wide-ranging categories as weddings, pregnancy, cooking, music instruction, foreign language, crafts, pets, New Age, and so much more. When you're done reading them all, you can finally say you know *Everything*®!

PUBLISHER Karen Cooper

DIRECTOR OF ACQUISITIONS AND INNOVATION Paula Munier

MANAGING EDITOR, EVERYTHING SERIES Lisa Laing

COPY CHIEF Casey Ebert

ACQUISITIONS EDITOR Lisa Laing

EDITORIAL ASSISTANT Hillary Thompson

Visit the entire Everything® series at *www.everything.com*

THE EVERYTHING®

WORD SEARCH

for the BEACH

BOOK

Puzzles that are "shore"
to keep you entertained!

Charles Timmerman
Founder of Funster.com

Adams Media
New York London Toronto Sydney New Delhi

Dedicated to Janet Fowke, a word game enthusiast on the shores of Sheep Island.

Adams Media
An Imprint of Simon & Schuster, Inc.
57 Littlefield Street
Avon, Massachusetts 02322

An Everything® Series Book.
Everything® and everything.com® are registered trademarks of Simon & Schuster, Inc.

ADAMS MEDIA and colophon are trademarks of Simon and Schuster.

For information about special discounts for bulk purchases, please contact Simon & Schuster Special Sales at 1-866-506-1949 or business@simonandschuster.com.

The Simon & Schuster Speakers Bureau can bring authors to your live event. For more information or to book an event contact the Simon & Schuster Speakers Bureau at 1-866-248-3049 or visit our website at www.simonspeakers.com.

Manufactured in the United States of America

17 2024

Library of Congress Cataloging-in-Publication Data has been applied for.

ISBN 978-1-60550-045-4

CONTENTS

Chapter 6: SEASIDE FOOD • 62

Chapter 7:   BEACH MUSIC, MOVIES, AND TV • 79

Chapter 8: BEACH HOUSE • 96

Chapter 9: SUMMER WORDPLAY • 106

Chapter 10: **FUN FUN FUN!** • 117

Chapter 11: **THROUGH THE YEARS** • 131

Chapter 12: VACATION AT THE SHORE • 142

ANSWERS • 153

Acknowledgments

I would like to thank each and every one of the more than half a million people who have visited my website, *www.funster.com*, to play word games and puzzles. You have shown me how much fun word puzzles can be, and how addictive they can become!

For her expert help and guidance over the years, I owe a huge debt of gratitude to my agent Jacky Sach.

It is a pleasure to acknowledge the folks at Adams Media who made this book possible. I particularly want to thank my editor Lisa Laing for so skillfully managing the many projects we have worked on together.

Last, but certainly not least, a very special thanks to Suzanne and Calla.

Introduction

▶ THE PUZZLES IN this book are in the traditional word search format. Words in the list are hidden in the grid in any direction: up, down, forward, backward, or diagonally. The words are always found in a straight line and letters are never skipped. Words can overlap. For example, the letters at the end of the word "MAST" could be used as the start of the word "STERN." Only the letters A to Z are used, and any spaces in an entry are removed. For example, "TROPICAL FISH" would be found in the grid as "TROPICALFISH." Draw a circle around each word that you find in the grid. Then cross the word off the list so that you will always know what words remain to be found.

A favorite strategy is to look for the first letter in a word, then see if the second letter is in any of the eight neighboring letters, and so on until the word is found. Or instead of searching for the first letter in a word, it is sometimes easier to look for letters that standout, like Q, U, X and Z. Double letters in a word will also standout and be easier to find in the grid. Another strategy is to simply scan each row, column, and diagonal looking for any words.

PUZZLES

```
F E P K P W A A W E O O N M U P R Z E R
D D G N I K L U A B O L Y M P I C S C O
D Z D G I V I T A F H K G P B R N E V F
V U D G B N R G N I R O C S O H T E D F
D X E P O E L M X O G L L S U P R R O E
K Y Z S A L A O D G G C S P Q T S U X N
P K N D M L U T L F M B O N I M L H U S
G N I S S A P E E H A W U M Y S C H O E
S N N P Q B S Z P R E P E E K L A O G T
G I F U J R D X E R O F I G I W A T E R
F M S T E A M Y S I B R E K C A T T A F
D D W V F N A H N Z V S E L U R B G E B
Y Q I T D L O T D T C U D N O C S I M N
V R M F P T M R E F I V E M E T E R T V
D O M T U A Y Z F I E L D S E N S E L S
N S I E N P J R E D M U S H O O T I N G
X P N I A O L H N B A C K S T R O K E N
U A G S H O K F D U N Z E N Y F Q M V I
C C S D Y L U P E N A L T Y C M G B F W
T V Z E N D I M R Z G V U G E Z H X C Z
```

Water Polo

POWER SHOT

RULES

SCORING

SHOOTING

SWIMMING

TEAM

TREADING

WATER

WINGS

ATTACKER	EGGBEATER	OFFENSE
BACKSTROKE	FIELD SENSE	OLYMPICS
BALL	FIVE METER	OVERTIME
BAULKING	FOULS	PASSING
CAPS	FRONT CRAWL	PENALTY
CROSSBAR	GOALKEEPER	PIT PLAYER
DEFENDER	GOGGLES	POINT MAN
DRIVERS	MISCONDUCT	POOL
DRY PASS	NET	POP SHOT

Solution on page 154

Snorkeling

I A Z P U D N B U F K F G P I B M H V M
D P O Q E C I A D S V O C E A N T E I S
E E Q R X O T V G G N F J I N Z H C Y Q
F R E J S K F Q E G S N I H C R U A E S
O T Z W I H L S N I F M I W S C R F L X
G R I A A Z S I B R E A T H I N G R S E
L G H U K E P C M U E G D N S G N U L C
T O S V S P S M N P R P I E Q E M S A M
V G H T O T N D F W L M V I K P V R O O
O C T P A M E F O Z A U I O U B I L T L
F Q X O Z R C W X P R W N S W B L W A O
N J L E W Z F G V L O P G G B U Z B O V
I O K A Y J Q I O Z C L M E S P L F L M
I S T I C P P E S U U Y A K V A A O F X
E E R V O I Q A W H D N S H S S E V A W
R L Q B F G P P R D U Y K T P C C V F W
G G A K B M M O U T H P I E C E M U M D
H G V H V U I B R R S N Y P G N C U P B
W O H C X M E L D T G Q H I Q D E V T Z
O G Z M L E A K S X O E S N H S I R K J

AIR

ASCEND

BLASTING

BREATHING

BUDDY

CARIBBEAN

CEPHALOPODS

CORAL REEFS

DEFOG

DIVING MASK

EXHALE

FLOAT

GOGGLES

INHALE

LEAKS

LUNGS

MOLLUSKS

MOUTHPIECE

OCEAN

POPPING

PURGE

RAYS

SEA URCHINS

SEAWEED

STARFISH

STRAP

SUMP

SURFACE

SWIM FINS

TROPICAL

UNDERWATER

VALVES

WAVES

WETSUIT

Solution on page 154

Swimming

```
Q P G C X E K U J G S L A D N A S Q P C
N E K O R T S K C A B G H R Z E S R H M
G J H M L B A V P V S S C C L W M L P E
D N U P B C M L Y C A E E G A W O E Y K
I I J E X J E D I L O K G T P R J Q I L
E Y V T U W P P P M F O E U I F R T C A
J N T I O J M S Q Y G R P N T C R K O D
F S C T N Y A D Z S A T E D E E P E N D
W W I I L G R J O E G S D T A S K K S E
E I K O G Y B O R G R T S D T G Z I D R
D M J N N L W O K M P S W C E U B C R E
A S A I I O B O A H P A H O A L B K A L
P U M R K I V Q Y R T E D K N P I B U A
G I E V C F V S V E D R R D Q R J O G Y
M T B S I O P T R P P B L X L A C A E I
V F P N K E P R F H E L Y T S E E R F X
S A S S E S H O W E R R X G V M L D I Q
L Z F D V Q Y K L P N V G N I T A O L F
T C O X E X O E U O H Y K J K Z X R O A
B J M A O U M S I L N R C L W D J N Q P
```

SPLASH

STROKES

SWIMSUIT

TOWEL

TREAD WATER

WATER AEROBICS

BACKSTROKE	EARPLUGS	LIFEGUARD
BREASTSTROKE	FINS	MARCO POLO
BUTTERFLY	FLOATING	MASK
CAP	FREESTYLE	OLYMPICS
CHLORINE	GOGGLES	POOL
COMPETITION	KICKBOARD	RELAY
DEEP END	KICKING	SANDALS
DIVING BOARD	LADDER	SHOWER
DOG PADDLE	LAPS	SPEEDO

Fishing

ANGLING

BOAT

CASTING

CATFISH

CRAPPIE

DEEP SEA FISHING

DREDGING

EDIBLE

FEEDER

FLOAT

FLY ROD

FRESH WATER

GAME FISHING

GAME WARDEN

HOOK

LAKE

LINE

LURE

MACKEREL

MARLIN

NETS

```
P T W I K V N B C K C I E T P O K N C J
C U Y Z Q B G L B B C D N S E B N T D C
Z W Q A Q R W Q I H X T A O B N E P Q I
K N Z D Q F L Y R O D B O W M I U I Z L
X L C H K W F D B Z Q H Q C N L G K A L
O K O S O L D E O Q E E Z Y E R A E P S
X V H I X A L S T R I P E D B A S S O V
K H J F E K Z G N I G D E R D M N Y S L
X Z M T C E R U L G G N I T S A C P W E
R E T A W H S E R F N U I X W P O U N V
L T T C C T S J L H Q I C N J O Q I E P
G H D S H K R L G W V E H N N H L B D H
D C F G D E E P S E A F I S H I N G R A
N R I L H M P R F T R R P P I Y P A A N
K E N U O L P B E T R I C U P F L S W G
W D T P O A O Z E L N E V T O A E L E L
U E J S K D T G W N E B A E H B R M M I
R E P P A N S V E S T A X M R G R C A N
Y F W N I O S R E D A W S D I O I X G G
D C A H Y P S I E L B I D E W J G N Y N
```

NIGHT CRAWLER	SPINNERS	WEIGHTS
OCEAN	SPINNING ROD	WORM
PIKE	SPOONS	
POND	STOPPERS	
RELEASE	STREAM	
RIVER	STRIPED BASS	
SALMON	TACKLE BOX	
SNAPPER	VEST	
SPEAR	WADERS	

Solution on page 154

Surfing

```
H U Q Q G V S S O B Z W N J U Z U Y K U
R X B T O O F Y F O O G Q K O L G F N S
B U J P H S L E Q K H A B W U N K Q S P
G J U S E T G N I K A E R B I T D G L A
P C C O P A D D L I N G E D M G G J L A
I I B F D L R U Y U G B I J S N F Q A K
R Y D E E L Q L Z L T R X G I H M E F M
S R G T I Q E M O S E W A K R B O S E W
G F S C D F D L E S N F A N F O P R H R
S V A H O R L W O E L N Q A T Y M I T G
R A E W O E H N Y O S K P B L E T M R S
N N R P W R K C A B T U C D L E K V E O
L W I S P V T T A I G N T N W R R C V T
Z N A L Q U E B Y R S B Q A C U U R O P
G O L V B R M P O B V E T S P T Y C A P
N G X U E Q O P F A D E N W I L U R F B
N R L T M C Q E W T R H Z Y R U P L N F
I A N Q E V I D K C U D E A L C H N D D
R J J A E E H S A E L O N G B O A R D R
C S N W T G Y P U F O G G K I O P W N P
```

AERIAL

AWESOME

BARREL

BOARDSHORTS

BREAKING

CARVE

CULTURE

CURL

CUTBACK

DROP IN

DUCK DIVE

FADE

FETCH

FLOATER

GNARLY

GOOFY FOOT

GROMMET

HANG TEN

JARGON

LEASH

LONGBOARD

NOSERIDING

OCEAN

OVER THE FALLS

PADDLING

PEARL

POCKET

POLYNESIAN

PUMP

REEF

RIP

SAND BANK

SHORTBOARD

SNAKING

STALL

SWELL

TUBULAR

WAVE

WHITE WATER

WOODIE

Solution on page 154

Water Skiing

```
R I G C F T M D T T F C P S S T A N D S
D N A A A P P M K X J P G P Y E J E T O
V E U T O Z L F M V G B M R C O Z N O W
D Y C T A E L Z B K R A Y X E C U V T H
C Q G N H O C G B A R E F O O T G B Z J
M S M T A O B R O T O M V M S N A C A B
M K X T N L G R O O D T P R I J M W R P
Y I L F D R A N E F B E E I E O F E E T
O M C P S B C B I W T P K O L S V W T U
H M R D I O B H E I O S I A C I B W S D
T I A C G S T R T R K P L P R T I O A H
Q N C Q N F B I W C P S V D O H N Z F Y
S G E G A E O O I V L U W K U U D R O C
M Y R B L N T R A O F F L O C M I B Z U
E A R M S S T R A I G H T L H B N K J P
J F I N L E S S P O T T E R E S G E I R
S U R F A C E W S P I T I K S D I L D I
G B M T O U R N A M E N T Q C O Z B F G
A Z U P J V R D K K D O H C L W U A N H
C G D D G B V R O O E E U Q I N H C E T
```

ARMS STRAIGHT

BALANCED

BAREFOOT

BINDING

BUOYS

CABLE

COMPETITIONS

CORD

CROUCHES

DRIVER

FASTER

FEET

FINLESS

FLOAT

FORCE

HAND SIGNALS

JUMP

KNEES BENT

MOTORBOAT

OBSERVER

POWERBOAT

PULLED

RACER

RAMPS

SHOW SKIING

SKI TIPS

SKIMMING

SLALOM

SPOTTER

STAND

STUNTS

SURFACE

TECHNIQUE

THUMBS DOWN

TOURNAMENT

TOW ROPE

TRICK SKIING

UPRIGHT

WAKE

WATER

Scuba Diving

```
Y C P V L B P I M R E G U L A T O R S C
T A X T N E G Y X O E T A L P K C A B J
S T I U S T E W K H U H E V A C C J L P
E E M G V N H G W L A T T J Y O S B P V
L M I O L D S F U R D Z H A K M M F R N
G L R H C E S T I A E F A P E P C I E V
G E T C O L P N O N G T B R I R S S S T
O H D R U T V J O O S H A R D E B Z S E
G V B A S A S I N I B F T W E S C E U V
R J O E T T T O D D T G C P R S S E R H
Y A Q S E C I X I B E U N B E E M S E Y
Z Y D E A Q B U Q J R Y A I O D D Y B K
D H E R U S V R S T B Q A C V A F N S E
A K F H C M S V E Y U P L P E I T J U N
M E M B R A N E E A R A F U S R D S W S
R M U K G S L S L I T D N H N I P X V B
I U V F N K W U W R X H N A M G O R F G
S B U O Y A N C Y S A Z I R U Y S V Z Q
K P E Z R G T N E O P R E N E Q G F V X
S I U X M C J U C Y N X U R G L A E E N
```

PSI

REBREATHER

REFRACTION

REGULATORS

RESEARCH

RISKS

TANK

TRIMIX

UNDERWATER

WETSUITS

AQUA LUNG	DEPTH GAUGE	HELMET
AQUANAUT	DIVING BOOTS	LUNGS
BACKPLATE	DRYSUITS	MASK
BOAT	FINS	MEMBRANE
BREATHING	FISH	MOUTHPIECE
BUOYANCY	FROGMAN	NEOPRENE
CAVE	GAS	OXYGEN
COMPRESSED AIR	GOGGLES	PRECAUTIONS
COUSTEAU	HAZARDS	PRESSURE

Solution on page 154

Beach Volleyball

ATHLETES

BALL

BAREFOOT

BUMP

CHEERS

COMPETITION

COURT

CROWDS

DINKS

FANS

FINGERTIPS

FOOT FAULT

```
J I M O P L G P I H P O N Y T A I L S F
V T Z W S W E A T S S P O S T S Y D U X
K M F T A K O U I S M W Z U A Q W S N H
U C N F I T R U L L C A I N L O Z T G U
J K O P M X E E R V L I T M R Z E N L Z
Z U S M I F K R M I I A P C S N A I A L
L B T E P K O T B C M S B M H U C O S K
S U S J T E Z T U O E S O D Y Z I P S L
W M C U Z E T K N T T K V R D L I T E X
W H R D H F L I S H O T E E S T O P S Y
D L E G N O C H T H M C L P R O U M E A
U K L E A A G A T I T F E E F C O U R T
G P T S E G Y X Q A O C G E S T D B V D
Y N S M C R U T N O T N R K U T M A I H
F A I O O J E G T A I A I E R A A N N T
K K H P U A U F T F B G T R U N K S G S
L O W I M L A O E K F V E O Y S P O R T
F A N S A U R X Z R C U P C H E E R S N
G M I R L S J P L A Y E R S U M M E R G
Y Q D T T O Q A Z A G Z W X T Q J V H P
```

FOUL	POINTS	SHOT	TEAMS
JUDGES	PONYTAILS	SPECTATORS	TRUNKS
JUMPING	POSTS	SPIKE	VISORS
MATCH	RECTANGULAR	SPORT	WATER BOTTLES
NET	REFEREE	SUMMER	WHISTLE
OCEAN	SANTA MONICA	SUNGLASSES	
OLYMPICS	SCORE KEEPER	SWEAT	
OUT	SERVING	SWIMSUITS	
PLAYERS	SETS	TANS	

Solution on page 154

Sail Away

```
W T E H D K X F T J H T R O P W E R C P
Z C E C Q U W S J O C C A L M G Y H B M
V H B Q O A A C Z H T P O O L S I L Z O
S O I A C M L A Y E A U U I B Y L M A G
T L W T F L P T E E H S B I J U O W R A
H N T B J K O A E S A C T S H R O U D O
K N D R U L N M S R T L X W E E D N B H
K N X H I C K A D S E E Y I H D H O Q I
U O N P C M C R X O K A P W E D R I F T
V T O C Y E A A N S C T Y R E G A T T A
X W Q C N W L N N H A K E N E I F A X S
U A I Y D E U O T E J T R A C I N G P X
P G N N E N R C A S E T A M T S R I F N
T X I W F I L K Y M F R H D A M N V H W
L W A Y Z U Y T O Q I E R Y E N Y A Y W
B R T S B H X M E M L A B X A E C N M A
D X P R L E E K G M Y B H K L R Q H Q T
V H A V G N T I L L E R E L A Z P R O E
A S C J A D D R A O B R A T S H O S F R
S J Z E V W C H A R T G I P I F S J X F
```

NAVIGATION

PIER

PILOT

PORT

RACING

REGATTA

RUDDER

SEA

SHROUD

SLOOP

SPINNAKER

SPRAY

STARBOARD

TILLER

TRIM

WATER

WINDWARD

YACHT CLUB

ANCHOR

ANEMOMETER

BILGE

BOAT

BUCCANEER

BUOY

CALM

CAPTAIN

CATAMARAN

CHART

CLEAT

COMPASS

CREW

DOCK

DRIFT

FIRST MATE

GALLEY

HALYARD

HATCH

HELM

HULL

IRONS

JIB SHEET

KEEL

LEEWARD

LIFE JACKET

MAST

Kayaking

BOATS

CAPSIZING

CURRENTS

DUNK

ESKIMO

ESTUARY

HELMET

LESSONS

LIFE VEST

MARSH

OCEAN

OLYMPICS

PADDLE

PLASTIC

PORTAGE

RACING

RENTAL

RESCUE

RIVER

ROLL OVER

ROOF RACK

SAFETY

SEA

SHORE

SLALOM

SPLASH SKIRT

SPORT

SPRAYDECK

STEER

SUNSCREEN

THRILL

WAVES

WET

WHISTLE

WHITE WATER

```
M M U I M Y G X U T D P C Z G Z P B H P
I Y K O H R R W D X K G X C C F Z I P Y
H B W R B Q Z P W E M G N I Z I S P A C
U C S B I Q M U M K C E D Y A R P S D B
O I M S G N I C A R T C I T S A L P D M
Q L M R L P H L R W E S X J R E A M L Y
B H Y U S K O N S L H V E O Y S S Q E D
B O R M C T T R H H O I O V B U H J U V
A F I Y P P N S T C O F T L E V S N T D
T O Y P O I N E E A R R K E L F K O W G
R M X W R O C A R A G G E N W O I Y M A
M O H A S U N S C R E E N D M A R L N T
V L C S H T R K X E U D S I H A T N T P
A A E L T S I H W N A C K E U C S E R P
X L J R Y V A F N T B S S T A O B W R S
G S O L J G P F E A E O S R E E T S X I
H P D O L I L W E L H E L M E T A U Z C
S L S O L L I R H T V E Y W A V E S Y C
T D E O A Q Y T C D Y Y W N T E I F M T
J I X S X P A T E N V L P T G B S R Y Y
```

Solution on page 155

```
S C A A O H S I F R A T S Q U I D N G H
N R A J S K R A H S I F N W O L C O A W
I U E L D P Z G R A E B R A L O P T T E
H S S H W O L F E E L K N S P M C K Y G
P T G T C A H E R T V I L E M H L N B S
L A Q R E T A L K A H A N R E S A A T T
O C E N O L A B A C E O B R T I M L U O
D E W T G R K C R S I L I U S F S P F M
G A S A O W C U R T U E O M Y Y N F T E
F N E C T B A O A E S J X N S L A M E L
X S A B M E B V W S T A K O O L R O D L
Y S A Z S R R H D H O S F M C E I G P I
A C N H A E A C T E A R Y M E J Z N U U
R I E H S L W J U D E L E O L H N I F G
G E M N E C U G N R K W E C K W A V F N
N N O I T U L L O P R X A S O C V I I O
I C N S E I C E P S D E R E G N A D N E
T E E O V E R F I S H I N G S C I L S G
S L A M M A M F P L O B S T E R S H B I
D M O L L U S K S E A H O R S E F Z R P
```

Marine Biology

RHINOCEROS

AUKLETS

SCIENCE

SEA ANEMONE

SEA HORSE

SEA URCHIN

SEAWEED

SHARKS

SQUID

STARFISH

STINGRAY

TUFTED PUFFINS

WATER CURRENTS

WHALES

WOLF EEL

ABALONE

ALGAE

BLACK OYSTER CATCHERS

BLUE WHALE

CLAMS

CLOWNFISH

COMMON MURRES

CONSERVATION

CORAL REEFS

CRUSTACEANS

DIVING

DOLPHINS

ECOSYSTEM

ENDANGERED

SPECIES

HARBOR SEAL

HATCHERIES

JELLYFISH

KELP

LOBSTERS

MAMMALS

MOLLUSKS

OVERFISHING

PIGEON GUILLEMOTS

PLANKTON

POLAR BEAR

POLLUTION

Solution on page 155

Extinct or Endangered

ACROPORA PALMATA

ALGAE OVERGROWTH

ATLANTIC SALMON

BLUE WHALE

CHELONIA MYDAS

CHINOOK SALMON

CHUM SALMON

COHO SALMON

DERMOCHELYS
CORIACEA

EELS

ELKHORN CORAL

GREEN TURTLE

HALIOTIS SORENSENI

HALOPHILA
JOHNSONII

HAWKSBILL TURTLE

JOHNSONS SEAGRASS

LEATHERBACK

TURTLE

LEPIDOCHELYS
KEMPII

LOGGERHEAD

TURTLE

ONCORHYNCHUS
KISUTCH

PRISTIS PECTINATA

SAIMAA SEAL

SALMO SALAR

SEA OTTER

SMALLTOOTH

SAWFISH

STEELHEAD TROUT

STELLER SEA LION

TOTOABA

VENDIAN

```
S A A T A M L A P A R O P O R C A L O B
G L O G G E R H E A D T U R T L E N L L
S G N O M L A S C I T N A L T A C H E S
M A G S E A O T T E R L A U T O A P S T
A E R A T O T O A B A R O H R L I A H E
L O E I O R Z X Q S O R E H O D R T A L
L V E M E C W R O C T R Y P O G O A W L
T E N A R K S M N D B N H C A C C N K E
O R T A Q L L R A A C I H E H H S I S R
O G U S E A O E C H L E S E I U Y T B S
T R R E S H H K U A L S L N V M L C I E
H O T A K L T S J Y N O O A Q S E E L A
S W L L E U K O S O N O N I Z A H P L L
A T E E R I H K S I K A W D Z L C S T I
W H T T S N E N A S B U X N V M O I U O
F S L U S M H M A R K D N E E O M T R N
I E T O P O Y L P H X N E V P N R S T K
S C N I J D M Z B L U E W H A L E I L F
H I I K A O C O H O S A L M O N D R E J
I N E S N E R O S S I T O I L A H P X W
```

Solution on page 155

Life Underwater

```
S H E R R I N G N O M L A S M O T A I D
I O Q S R E T S Y O Q Y M A N O F W A R
V D C S K C P L Y R O S N O I L A E S T
D I H T C B L U E G I L L Y V O H C N A
I U T U O R T T O Q S U B M A R I N E A
K Q W Z D P T P E R C H N O E G R U T S
W S Y O D O U U U A G U L M A R L I N N
T W R C A F D S R G Q Z M K F H K V A I
T O C E H K Z O O P L A N K T O N F Y H
N R S A B M N A R W H A L C T Q I E R C
D D A N V M K T H S I F R A T I U G B R
A F C O I I U B R I U K Z B E D N F U U
R I P G D N A C P U F F E R F I S H H A
T S G R A S T R U R L N A E C A T E C E
E H L A E D J J H C E L A H W M R E P S
R B L P H Y T O P L A N K T O N G D Q H
P G I H L E S R O H A E S A L G A E W A
Y I R Y L D E T R I T U S E A W E E D R
H N K S U L L O M D E H A L I B U T J K
V S G E B T R U Y Y F I S A R O U T E X
```

ALGAE

ANCHOVY

BLUEGILL

BULLHEAD

CAVIAR

CETACEAN

CHUB

DARTER

DETRITUS

DIATOMS

GROUPER

GUITARFISH

HADDOCK

HALIBUT

HAMMERHEAD

HERRING

KRILL

LEATHERBACK

MAN OF WAR

MARLIN

MOLLUSK

NARWHAL

OCEANOGRAPHY

OCTOPUS

OYSTERS

PERCH

PHYTOPLANKTON

PIKE

PUFFER FISH

SALMON

SEA CUCUMBERS

SEA HORSE

SEA LIONS

SEA OTTER

SEA URCHIN

SEAWEED

SHARK

SPERM WHALE

SQUID

STURGEON

SUBMARINE

SWORDFISH

TROUT

TUNA

ZOOPLANKTON

Solution on page 155

Dolphins

AGILE

AQUATIC

BLOWHOLE

BLUE

BOTTLENOSE

CALF

CARNIVORES

COMMUNICATION

CUTE

DORSAL FIN

ECHOLOCATION

ENDANGERED

```
Q R S L E E S J S C L W S Z I E F C G Z
A L E U A C Q G A N X C U N P L U E H E
Y Q K F S P O U T S E N G N I V O L M A
D C U Y S K C I R T O E E N N F Z S B T
P T L A V O C E A N G C T I N S W O H S
B Z F L T E N Q W A H E K I V I M S O V
C U E P N I C E U O L S F C M H E A N F
J V V Z A V C G L L H L S M E T B N R R
X M I R T S N O I T A Z I L A C O V C T
K E T K T A C G O S F N O R Y I T R M C
X E C L L A E O R I G H B C T F T F U Q
R N E A T N M O Q R W E Z A I R L T L B
A D T I T S D C J O T P C S P I E X U U
M A O C A L F Q L R T I O O P E N R A I
F N R O M Z N B E V N N D P T N O V G C
X G P S S B T V A U A S E H U D S P I S
I E L T N E G I M R L R R B D L E H L O
F R F L M A M M A L S P O O H Y A H E E
Z E N S E R O V I N R A C V E N I R A M
W D G R A C E F U L N Q B M L D B H J E
```

FINS

FLIPPERS

FLUKES

FRIENDLY

GENTLE

GRACEFUL

HOOPS

INTELLIGENT

LANGUAGE

LOVING

MAMMALS

MARINE

NICE

OCEAN

PEOPLE

PLAYFUL

PODS

POPULAR

PROTECTIVE

SHOWS

SMART

SMOOTH SKIN

SOCIAL

SONAR

SPOUTS

SWIMMING

TEETH

TRAINERS

TRICKS

VERTEBRATES

VOCALIZATIONS

ZOO

Scientific Names

```
H T U N I C A T A S P I N U L O S I D A
F O A A A M N S Z A E D I O R E T S A N
E A X T P T X I T C M U L Y H P B U S T
A A M A Y C S A D E V E R T E B R A T A
T N S I T H L I N A R X N P M A U F A T
N Q C M L A P A T I R I A M I N I A T A
A C O O E Y M O H C M I N V G D S O O D
L A H L P N L R I L O A A I E Z E Z G R
P T M L T R V G E R S T L P D U I O I O
O E P U O M P H R D A U O I Y A C R T H
K G H S G R Y O A K O L E R A L E E S C
I O A C N T O X R N S N L A P G P H A O
N R E A A A W P C I T G I I N Y S T M R
G I O L T G B R H J F H N H C N A U O U
D E P U H E L Z I Y T E O I C A I E N G
O S H R I N N I C U T M R P P E B L I J
M P Y P N U C R A N I A T A H U K E D I
D Z T E A S S A L C R E P U S Y O P R Y
C B A D I L E N N A D O P O R H T R A C
B S U B O R D E R H O D O P H Y T A G U
```

PROTOCTISTA

RHODOPHYTA

SPECIES

SPINULOSIDA

SUBORDER

SUBPHYLUM

SUPERCLASS

TAXA

TUNICATA

UROCHORDATA

VERTEBRATA

ANIMALIA

ANNELIDA

ANTHOPHYTA

ARTHROPODA

ASTERINIDAE

ASTEROIDEA

BACILLARIOPHYTA

CATEGORIES

CHLOROPHYTA

CNIDARIA

CRANIATA

DINOMASTIGOTA

ECHINODERMATA

ELEUTHEROZOA

FAMILY

GENUS

GROUPINGS

HIERARCHICAL

KINGDOM

LEPTOGNATHINA

LINNAEUS

MOLLUSCA

PATIRIA MINIATA

PHAEOPHYTA

PLANTAE

PLATYHELMINTHES

PORIFERA

Whales

BALEEN

BELUGA

BLOWHOLE

BLUBBER

BREACHING

CALVES

CETACEANS

COWS

CRUSTACEANS

DIATOMS

DIVE

DOLPHIN

DORSAL FIN

ENDANGERED

FINS

FLIPPERS

FLUKES

FUSIFORM

GIANT

HUGE

HUMPBACK

JONAH

KEIKO

KRILL

MAMMALS

MOBY DICK

NARWHAL

OCEAN

OIL

ORCA

PLANKTON

PODS

SING

SONG

SPERM

SPOUT

TAILS

VERTEBRATES

```
P S G Y V S S N B H R L S Q K R Z J L W
N P S L C Z A G N K M F V U U Y S Z S F
N C F F B P L A N K T O N M Z H P A R V
N B S P E R M N D N C I J Y S W O C E N
L O C N L I O O Y M I I S D U Q U R P Q
V T S G U K R I L L I H D F J T T A P V
Y L K N G S H N R G L B P Y L E X D I A
D E U B A A X E R E B B U L B U K I L M
W O J L N E Y E L B T T R R O O K V F X
V D F O C R C L A H W R A N W D M E U G
U I J W E K N A O D M T I K P P O D S D
N F E H T C L B T E E M H M E S L L I T
T Q Z O A U R N Y S X M U U P I A S F S
A R D L C G Q R O V U D G V M M K M O O
I H V E E N D A N G E R E D M P N O R N
L E U R A S M A G N I H C A E R B T M G
S U C H N D E X E O L A M J O R C A N E
F G W I S C L O X C A B N K X Z B I C F
P X F J O F A U H I K I V T A N S D F K
F P N O I I N N G Z K T E K G K I P N X
```

Solution on page 156

Coral Reefs

```
M Q S A E D I O N I H C E S P O N G E S
O O E B P O R I F E R A N S U O B M S Y
P O L L U T I O N U I U K S R E T A W M
U R C L L I M E S T O N E P H X X R U B
J G A E U W Z T Z Q F I A T O L L I B I
O A T A S S A E X O S K E L E T O N A O
H N N G Z C K V P H O T I C Z O N E R T
E I E L E H U S E O Y X S T O N Y S R I
U S T A A S N I H C R U A E S E T C I C
J M N E U G N I L E K R O N S X I U E N
T S T N E I R T U N T W F T T J S B R I
R F R I N G I N G R E E F X U H R A E D
O C A L C I U M C A R B O N A T E N D A
P Y P L A N K T O N O B B I R K V L A R
I R Y A C I D I F I C A T I O N I O L I
C P A R R O T F I S H A L L O W D D G A
A O Z O H T N A B I O E R O S I O N A N
L F A C R O P O R A A R A G O N I T E S
P H Y Y M Q K A G N I H C A E L B A N K
Q N T H K F W L D O M P Q R S Q E M Q I
```

ACIDIFICATION

ACROPORA

ANTHOZOA

APRON

ARAGONITE

ATOLL

BANK

BARRIER

BIODIVERSITY

BIOEROSION

BLEACHING

CALCIUM CARBONATE

CNIDARIANS

CORALLINE ALGAE

CRUSTACEAN

ECHINOIDEA

EXOSKELETON

FRINGING REEF

LIMESTONE

MARINE

MOLLUSKS

NUTRIENTS

ORGANISMS

PARROTFISH

PHOTIC ZONE

PLANKTON

POLLUTION

PORIFERANS

RED ALGAE

RIBBON

SCUBA

SEA URCHINS

SHALLOW

SNORKELING

SPONGES

STONY

SYMBIOTIC

TENTACLES

TROPICAL

WATERS

WAVE

ZOOXANTHELLA

Solution on page 156

Seashells

ANATOMY

ANIMAL

ARAGONITE

ARTHROPODS

BEACHCOMBERS

BIVALVE

BRACHIOPODS

CALCIUM CARBONATE

CAMBRIAN

COLLECTING

CONCHOLOGY

CRAB

```
O W R Z B P Q P T G I A N T C L A M I M
G R D R A H H E X O S K E L E T O N S S
D E C O R A T I V E R U W W H T V O T I
E V I T C E T O R P Y B B O H E L N U N
Z T W S E A C R E A T U R E R W C J S A
I J A E S K S U L L O M R T E Q O E K G
L B S N D E P O S I T O E M Y N N T S R
L Z H O O B S H F C F B P M A I C I H O
A S E T P B A R H P R T B F L H H N E T
T U D S O I R R E A Y B G D R C O O L A
S L U E I E Y A T B G J N W E R L G L T
Y I P M H C R E C H M A V R T U O A Z I
R T N I C L J C Y M R O S I U A G R Q B
C U E L A X L G A T U O C T O E Y A M A
C A M B R I A N S N P I P H R S Q W T H
H N I V B I V A L V E C C O C O U B F P
M I C Z I N T E R T I D A L D A P W I W
F M E N I R A M Y M O T A N A S E O R R
M A P O V L G N I T C E L L O C N B D R
J L S Y C M A N T L E C O S Y S T E M I
```

CRYSTALLIZED	HABITAT	MOTHER OF PEARL	STRANDLINES
DECORATIVE	HARD	NACRE	TUSK SHELL
DEPOSIT	HOBBY	NAUTILUS	WASHED UP
DRIFT	INTERTIDAL	ORGANISM	
ECOSYSTEM	INVERTEBRATE	OUTER LAYER	
EMPTY	LIMESTONE	PROTECTIVE	
EXOSKELETONS	MANTLE	SEA CREATURE	
GASTROPOD	MARINE	SEA URCHIN	
GIANT CLAM	MOLLUSKS	SPECIMEN	

Fish

```
E G S Y C I R G S U R B U G H H P S A S
W Y O U N L R N O E G R U T S U M P L D
X D Z L N O S H C I A C P H Y D H R T Y
S W O R D F I S H P W B A R E T R A D F
B T E C E F I N B P E L A N M R Q C S D
U F K D S D I S U A Z U P S G Y R J T N
E N I D R A S S H R R E C X S E O I I Z
F I I T G A L N H C G G R B I R L G N A
P L D T E H H M A H S I F R A T I U G G
H R C F V S M X O P A L I N D C A P R Q
X A T U B I L A H N P L G G P D T P A Z
Q M F D N F L O U N D E R I U R W Y Y B
L U Y N P T H T R L R O R C O I O A U L
J S O B N A C W V O U A A U K S L L E W
R W N K D C C L U P N R T Y K B L R K A
K N B D T B X G E H R X L H A H E X I L
I S O O D C H R A A H M C C E K Y O P L
G C E N R Y H Y B O G R O A C F S O L E
K G M O S E P U F F E R D A N C H O V Y
L I U D Q F G F B P E B M O M F L U K E
```

PERCH

PIKE

PIRANHA

PUFFER

RED SNAPPER

SALMON

SARDINE

SEA BASS

SOLE

STINGRAY

STURGEON

SUNFISH

SWORDFISH

TROUT

TUNA

WALLEYE

YELLOWTAIL

ALBACORE	COD	GUITARFISH	
ANCHOVY	CRAPPIE	GUPPY	
ANGEL	DARTER	HADDOCK	
BARRACUDA	FLOUNDER	HALIBUT	
BLUEGILL	FLUKE	HERRING	
BULLHEAD	GOBY	MACKEREL	
CARP	GOLDFISH	MARLIN	
CATFISH	GROUPER	MINNOW	
CHUB	GRUNION	ORANGE ROUGHY	

Marine Mammals

BLUBBER

BREATHE

CETACEANS

DESMOSTYLIA

DOLPHINS

ELEPHANT SEAL

ENDANGERED

ENHYDRA LUTRIS

FUR SEALS

HAIR

JANJUCETUS

KOLPONOMOS

MANATEE

MARINE OTTER

MILK

MONACHUS

MUKTUK

MYSTICETI

ODOBENIDAE

ODONTOCETI

ORCA

OTARIIDAE

PHOCIDAE

PINNIPEDS

POLAR BEARS

PORPOISES

RETE MIRABILIA

RORQUAL

SEA LIONS

SEA MINK

SIRENIANS

WALRUS

WHALES

WHOLPHIN

ZALOPHUS

```
K Y N Q X C V H H R N M B B G W B C P S
L N W A M U C O F P U E A D I I R A T O
I I I W A O D D U P I N N I P E D S Z K
M H D M N B R O R Q U A L L T M J A A U
Y P I J A B R N S P Z V S E L A H W L T
W L T E T E F T E L S O M O N O P L O K
X O S X E H S O A L G I S J E U I H P U
M H O N E T I C L Y R R U A C T G M H M
P W S Z N A R E S A A C D X E E D A U N
G A X F D E T T B E E I F C T A Z R S I
C L M T W R U I B T N S I A A D E I N P
N R O P D B L R U E G T T K C I F N I P
W U N K F I A S B M S B O N E C P E H O
V S A H A L R O R Y E A I Z A O O O P R
U X C I O I D K M D W A C S N H H T L P
J F H P A O Y Z C Y Z W C R S P P T O O
X P U H B L H H A I L Y T S O M S E D I
D R S I R E N I A N S B L U B B E R L S
F G X E G I E N D A N G E R E D M W U E
D U V V E J Q K O G B S S E A L I O N S
```

Intertidal Zone

```
H S E A B I R D S L L E H S K C G P P D
Y O I G G Z R O C K Y E M E I U L N X T
O N O A N E M O N E X Y L Q L A L A G A
S S E T E A H C Y L O P T L D W V X M T
Z U R Q P D H I M M E R S I O N C P A I
Z B X T Y L F C M O T A I D N O H F O B
P S E I C E P S E V I S A V N I G S F A
A T U D H S R W T T O R S X P T L P G H
E R P E T E S Y A P A A M O E I I A H Z
N A Y L H E A N O V N M D R C T M R S L
A T E K A G A D I D E A I R O E P T I X
L E M W M N S G F H F S U L N P E I F U
A S E Z A I K L L Y C S U O C M T N R J
N E A L L T E T B A T R L P H O S A A U
D P A B U A E L O A N D U C O C B M T N
K M U S S E L R C N L T O A L I A R S Y
B A R N A C L E S W Y A E E E Z R U N O
X E T O Y R A K U E L T N W P S C G A X
E A A B A N I R O T T I L U U O B X I V
Y A R P S L P R E D A T O R S O C X L T
```

PREDATORS

ROCKY

SALINITY

SAND FLEAS

SEA URCHIN

SEABIRDS

SEAWEED

SHELLS

SNAIL

SPARTINA

SPRAY

STARFISH

SUBSTRATES

TIDE

TIGRIOPUS

WATER

WAVES

ALGAE

AMPHIPODA

ANEMONE

BALANUS

BARNACLES

CHTHAMALUS

CLAM

CLIMATE CHANGE

COMPETITION

CONCHOLEPUS

COPEOD

CRABS

CRUSTACEANS

DIATOM

EUKARYOTE

FOAM

GULLS

HABITAT

IMMERSION

INVASIVE SPECIES

ISOPODS

KELP

LIMPET

LITTORINA

MUSSEL

PLANKTON

POLYCHAETES

Solution on page 156

Seabirds

```
E T X B C E L H B T U F U J L D P X P J
V N K U C K K C I N A E C O L O N I E S
P P I R S L S N E S T E A U K L E T N L
P S E R B K C H F N S D M R S V D N A L
Y C S N A C I L E P B A O S D S D U L U
X R T E G M I M P A F T U B K K S N L G
G M E M P U N M M O R E F K P C F W I N
U W R T H O I S S E X W L W S S U O B I
J G N M R R R N R H R S A L J T L D R W
O Y S I Z A B A S E O S G T E N M M O U
Y B V G P N D A L O D R E F E A A I Z W
R N E R E A D I T A N A E G L R R Q A Z
E K P A P Z R Y F H H Z W B A O S T R K
I R E T A W T L A S W P A S I M E R H S
N P V I P E L A G I C T Y N K R U V N A
U F Q O R Y S E B E R G B O P O D L F D
L O O N S S Y Y M O A D O R S C S S P W
S F I S H I N G S J J U O E W H D P N S
F S E I C E P S M Q C O B H S Y S U Y F
N F L V Q G B G V A F E A T H E R S N V
```

ALBATROSS

ANATIDAE

AUKLET

BOOBY

CAMOUFLAGE

COLONIES

CORMORANTS

DARTER

DOWN

DUCKS

ENVIRONMENT

FEATHERS

FEED	MIGRATIONS	SALTWATER	WATERPROOF
FISHING	NEST	SHEARWATERS	WET
FULMARS	OCEANIC	SHOREBIRDS	WING
GREBES	PELAGIC	SKIMMERS	
GULLS	PELICANS	SKUAS	
HERONS	PENGUINS	SOOTY TERN	
LAND	PHALAROPES	SPECIES	
LOONS	PLUMAGE	TERNS	
MARINE	RAZORBILL	WADERS	

Solution on page 156

Chapter 3: ON THE OCEAN

```
M E R E K N A T G Q B A R G E T A L T O
N J Y L L C A R G O C O N T A I N E R C
G C U L A D H O W M R T A O R B O U A A
I R M N W D D P N T V G B C Q I O G W K
D H O I K M R A A Y I G R T A F T O L B
M E N N P E R O P R N A J A W Y N R E V
M L O F J A B H F I F Y J O A A O I R P
H B W L M R K W H T U Z D B R C P P Z J
Q N K A O B G S C R U I S E S H I P T B
L C T T Y I I A E G N M Y F H T A G Y S
L A O A R F R S L G F O K I I D B L T K
C M J B F R I H Y L R A A L P X A A E I
U X J L I U T D R T E E Q T S K O N N B
T O N E R N N D S R I O M P P B A N I O
T Z R C T A M E Y I G P N A R S S Y R A
E E K J P B D R G M H S P E E D B O A T
R C T M S L O O P A T F V B L T C A M K
R T A O B L I A S R E I L B I B S P B S
T S T A O B G U T A R E N O O H C S U F
E N H C C L H G O N D O L A E B M V S M
```

Types of Boats

RIVERBOAT
SAILBOAT
SAMPAN
SCHOONER
SKI BOAT
SLOOP
SPEEDBOAT
STEAMER
SUBMARINE
TANKER
TRAWLER
TRIMARAN
TUGBOAT
WARSHIP
YACHT
YAWL

AIRCRAFT CARRIER
BARGE
BRIG
CANOE
CARGO CONTAINER
CATAMARAN
CRUISE SHIP
CRUISER
CUTTER

DESTROYER
DHOW
DINGY
FISHING BOAT
FREIGHTER
FRIGATE
GALLEON
GONDOLA
INFLATABLE

JET BOAT
JUNK
KAYAK
LIFEBOAT
MOTORBOAT
OILER
PADDLE
PIROGUE
PONTOON

Waves

BREAKERS

COAST

COLLIDE

CRASH

CRESTS

DIFFRACTION

DISPERSION

DISTURBANCE

DURATION

ENERGY

EROSION

FETCH

FREQUENCY

HEIGHT

HIGHS

INTERFERENCE

LONGITUDINAL

LOWS

MEDIUM

MOTION

PERIODIC

PERTURBATIONS

PROPAGATION

REFLECTION

REFRACTION

RIPPLE

ROGUE

SPACE

SPLITTING

STORM

SUPERPOSITION

SURFACE

SWAY

SWELLS

TIDE

TIME

TRANSFERENCE

TRANSVERSE

TROUGHS

TSUNAMIS

VIBRATION

WATER DEPTH

WAVELENGTHS

WHITECAPS

WIND

```
Q B L K F V C F M N D R T Y U R D H A P
H V R E F L E C T I O N S H G U O R T W
I K T C R A S H M E L P P I R X F G Y A
G C B N O I S R E P S I D A Z G K E U V
H F R E Q U E N C Y M O T I O N A C N E
S D E R K O F X L A N I D U T I G N O L
O D A E H Z C J B H O D X D W T O E I E
I S K F E L O W S N I O I E A I F R T N
X D E S I M A N U S T F N M T D Z E C G
Z B R N G W S X T V F O B I E E M F A T
W G S A H P T U I R I L S T R E Y R R H
D P E R T U R B A T I O N S D Y Y E F S
N O N T U B R C A C P T G I E A G T E P
L V I R A A T G X R A E U W P W R N R L
V K G N T I A K E E I M R O T S E I T I
M P C I O P S P U S P Q K I H Z N O H T
S E O N O S U J K T N O I S O R E G B T
H N H R E S R E V S N A R T B D N I W I
B S P A C E T I H W S G C O L L I D E N
J N X E C A P S W E L L S U R F A C E G
```

Solution on page 157

The Navy

```
S B B O F F I C E R S I N B Z D N K R R
A E T E S C T I J H A P U K C H I E F A
L N K W E R O D O M M O C I Q G A W R D
U B N D E S T R O Y E R L S P I H S G A
T B A A R M E D F O R C E S R E O Y N R
E A G S P L O B X T W Y A C D W M S I P
J T C H E O O R J F J D R E P A E L T M
U T Q A N S L R R S E A P Z M S B A I A
P L V F L C P I E H F L O Y I R A D U C
V E S S E L G A S T O S W M S O S E R T
D S N X D A C I C Y A S E S S H E M C O
E H U F T A L A M I U W R B I C U S E O
C I G E P O R E L Y F S R P L N V L R B
K P S T P R N O R K M I M E E A O A C T
H L A S I T R A L R G A C X S D C E R A
A I K E S S T O O S N K W O E E Z S U T
N P R E C I F F O Y T T E P C Z R Y I T
D S V E L R I S U B M A R I N E S V S O
W A E I O N F T T V B O M B S Z A A E O
W I M N U N K M G G T C E N S I G N R S
```

AIRCRAFT CARRIERS

ANCHORS AWEIGH

ANNAPOLIS

ARMED FORCES

BASES

BATTLESHIP

BOMBS

BOOT CAMP

BRIG

CHIEF

COMMODORE

CRUISER

DECK HAND

DEPLOYMENTS

DESTROYER

ENSIGN

FRIGATES

GUNS

HOME BASE

MEDALS

MIDSHIPMAN

MILITARY

MISSILES

NAVY SEALS

NORFOLK

NUCLEAR POWER

OFFICERS

PACIFIC OCEAN

PETTY OFFICER

POLISHED

RADAR

RECRUITING

RESERVES

SAILORS

SALUTE

SEA CAPTAIN

SHIPS

SHORE LEAVE

SUBMARINES

TATTOOS

TORPEDO

UNIFORMS

VESSEL

WATER

WAVES

Solution on page 157

Piers

AMUSEMENT PARKS

BARNACLES

BEACHES

BENCH

BOARDWALK

BREAKWATER

CARNIVAL

COLUMNS

CRABBING

DOCKS

DOLPHINS

FISHING

FOOD

FRESH AIR

GIFT SHOPS

HARBOR

LOBSTER

MARINA

MOOR

NETS

OCEAN MIST

```
V G G U G T H R F O O D J S U N S E T S
Q S K N A L P N E D O O W P S K R A H S
Z H K I Y N L Q X L Q E C R A B B I N G
T O U R I S T S P G I E S L L U G A E S
Q R P Z A D U H I V W L I S T E N O W V
F E W J B P I F N X A P Y A W K L A W U
J F H Y P N T A S T R O U A A N I R A M
E L A O S S E N R S M E V A T O Q I A M
Q D R A H C Q O E I B P T S E H C A E B
R T F O O H O U P M R B O A R D W A L K
C I P I L M G B M N E I B W W O V R G E
K S N M U L O C U A E S A T A K V O M Y
V R E T S B O L B E Z L U H L V A P H A
D G S L E Z L B E C E L B M S Y E E A K
N X N B C X Q W R O R E C D A E H S R A
A O W I Q A L Y I L N H Q U K S R A B B
S U N S H I N E T C J S Q G P J E F O B
I D O C K S K R H F L A V I N R A C R M
Q E Q Q O F I D A K I E H X Y G D B E K
E P M L D T G F A B R S T R O L L I N G
```

OCEAN VIEWS

PEOPLE

QUAY

ROPES

SALTWATER

SAND

SEAGULLS

SEASHELLS

SHARKS

SHIPS

SHORE

STROLLING

SUNSETS

SUNSHINE

SUPPORT

TIRE BUMPERS

TOURISTS

WALKWAY

WARM BREEZE

WAVES

WHARF

WOODEN PLANKS

Oceans Away

```
M O W E Q L H C F O H R F T Q F S S K L
W V J N C K I V M E F S A O K H E C K J
T K G N W W F F N R I G G I N G A R X O
F A E T Y R E R E P P I L C U T T E R P
S L J T J A N I R P S E K A L V Y S H Y
K T O P C F G Z K D R A O B R A T S A P
R E E A O H I Z X O L E T E C P K D K M
E V E R T R N S F T I K S H D I N G H Y
K B L L N A E C O Y F G T E R A A Y A E
B Q R R A V V E S S E L U A R T X D U L
A U B E A C D Q Q B B F N A N V H R N L
M W A W N I I Z D F O I M W M K E U B A
C I Y R T O R T Y Y A A I T V M C R T G
G B A R G E O N U T T F J N M U I K E M
Y T J K T R G H P A G U T A C G T S G C
F A F A R W E A C W N S J Y I N F L P M
Q U W M O G C V Y S A D R O B R A H O R
R P E L P C B M H O N E R U D D E R V N
Q L R D S U I I C I V C D B N P K C N I
D O C K C A P B W S L K A D T M Z X E P
```

AFT	CUTTER	GALLEY	OCEAN
BARGE	DECK	HARBOR	PORT
BRIG	DINGHY	KEEL	RIGGING
BUOYANT	DOCK	KETCH	RUDDER
CAPTAIN	ENGINE	LAKE	SCHOONER
CATAMARAN	FERRY	LIFE PRESERVER	SEA
CLIPPER	FLOAT	LIFEBOAT	SHIP
COAST	FORE	MAST	STARBOARD
CREW	FREIGHT	NAUTICAL	STERN
			TIDE
			TUG
			VESSEL
			VOYAGE
			WATER
			WAVES
			WINDJAMMER
			YACHT
			YAWL

Pirates

```
C B Y H D J T U V B R L O T S I P Z F G
Z N V V S J Y S K C S L E S S E V C A O
M D R P R E R C V O X A O I G O A N N R
X N L A A U D I Y B I V D L X P G O K G
B A D Z P M C R O W S N E S T P Z I I R
N L J A S Y E S A R E G N A L U L S C W
Y S W H V V O E L E U N I A V L T O D Y
H I O A O Y E M M X B N N M E L S L C J
P L S L L M J Y R P S K F R J E O P R G
A L V S A K R O O E T Z C R T H T X I W
R E S C C A T O N I N E T A I L S E M H
R G I A B P P H D E Q O M E L E X A I I
O A J R X D C R E Y S T O R K B N H N S
T L A M E H G Q O P S T R H O S S D A K
S B S C R A T C H R L J S P C A U U L E
U K K R A T I M I C S A E A L S L M S Y
M S O R O G P F S P G U N P O W D E R T
X M I O A E T H I E F A S K C C T N B O
N T N U H H V H R J E N E T W I N D G O
Q Y P J F Z S G V M Z G L J B E Q M Q B
```

AXE

BARBARY

BITE

BLACKBEARD

BOOTY

CAPTAINS

CAT O NINE TAILS

COAST

CRIMINALS

CROWS NEST

DAVY JONES

EXPLOSION

FIRST MATES

GANG PLANK

GROG

GUNPOWDER

HOLD

HOOKS

HUNT

ILLEGAL

ISLAND

KILLER

MEAN

MUSKET

PARROTS

PEG LEG

PISTOL

POOP DECK

REVOLVER

SCAR

SCHOONER

SCIMITAR

SCRATCH

SCURVY

SHARK

SHIPS

SPLASH

THIEF

UNFRIENDLY

VESSELS

WALK THE PLANK

WHISKEY

WIND

Solution on page 157

```
G M L E O E R S I C K U K N Z S K N L A
B H O W K R Z M T A U D K C O D P T Y L
S Q O T G D Y E B R D R A O B R A T S W
Y M D C O W N D S R E T R A H C Y M T T
K A I S E S A I L R A G A E E K M O M G
M R A D R A Y T W M F S C T N X P Q R J
S I H E W U N E A C N L I S H T S Y E S
R N O C J K O R A A U Y N S I S B S P C
D A S K T G A R R B T X G A R C Q D O P
E H D S B N I A C R L F N L L U X U R Y
P X O H S B M N E R L I A G A N T H L K
Q L P O B I B E R M U D A R I G A Z C E
S R G E R D P A O A H I E E C P O A M E
A D A T N L F N T S O K S B F R B R O L
V N J I I S L C O T N K I I N I E S O E
N N C P L D I A M O O Z S F N H F T R E
A I B H T I E V T L M H X E T G I E A H
C Q L Q O Y N V E I I T R A V E L R G W
H S Q P O R T G P N R U E O R W R N E W
Y X B U V H Z W G E W W C V A W P H O R
```

RACING

RAILING

ROPE

SAIL

SEA

SQUARE KNOT

STARBOARD

STERN

TIDE

TRAVEL

TRIMARANS

WATERCRAFT

WEATHER

WHEEL

WIND

YARDARM

ANCHOR

BERMUDA RIG

CABIN

CANVAS

CARIBBEAN

CATAMARANS

CHARTERS

CLUB

CRUISING

CURRENT

DECK SHOE

DOCK

EXPENSIVE

FIBERGLASS

FISHING

KEEL

LIFEBOAT

LINE

LUXURY

MARINA

MAST

MEDITERRANEAN

MONOHULL

MOORAGE

MOTOR

OCEAN

PORT

Ocean Weather

BAROMETER

CLEAR

CLOUDY

COLD FRONT

CONDENSATION

CORIOLIS EFFECT

CYCLONE

DRIZZLE

FLOODING

FOG

FROST

GUST

HAIL

HAZE

HEAT

HIGH PRESSURE

HUMIDITY

HURRICANE

JET STREAM

LAKE EFFECT

LIGHTNING

LOW PRESSURE

METEOROLOGY

MONSOON

MUGGY

OVERCAST

PRECIPITATION

RAINBOW

SATELLITE

SEA BREEZE

SHOWER

SNOW

STORM SURGE

STORM SYSTEM

STRONG WINDS

SUNNY

SWELL

THUNDERSTORM

TORNADO

TROPICAL DEPRESSION

TROPICAL STORM

WARM FRONT

WARNING CENTERS

WATERSPOUT

```
T M E T S Y S M R O T S A T E L L I T E
Y S R T N O R F M R A W C X F R O S T E
G U U E N O L C Y C T U O P S R E T A W
O K S G Y D R I Z Z L E W G G A E T J T
L H S P H U P F S U S O O O B Z H E C A
O I E R U G N I D O O L F R N U T E J E
R G R E M Y D U O L C E E G N S F W Z H
O H P C I P W I F I O E E D T F L A M S
E P W I D T H T Y V Z C E R E Q H R D N
T R O P I C A L D E P R E S S I O N O N
E E L I T E I Q R D S A I U S T I I L L
M S E T Y F L E F T M L N V S W T N I L
O S N A E F T I O B O N O L G A O G G E
N U A T D E S R C I Y T A N S V R C H W
S R C I M E M L R C V C O N E L N E T S
O E I O P K E O R Z I R E R L C A N N H
O F R N X A C J E P T D C F Z N D T I O
N A R Q R L T L O S N A H E G W O E N W
B M U G G Y U R F O S T O R M S U R G E
Q C H D R X T O C T R A I N B O W S K R
```

Solution on page 157

The Bermuda Triangle

```
S A M A H A B B N X H A S D N R E E F S
D K H M K U Q C E P L Y E A F N M N U H
U T E G Y S X T B I D V E T A B O O C A
O P G P H S R T E W I B S H C I P L P F
L A N X T O T N E L B O T C T W R C B M
C R A R V I S E S I L E H A S A A Y Z F
X A R E L E C T R O M A G N E T I C Q J
F N T E D X R A S Y G I I O N E F O X B
Q O S M B I C X L H T E L G A R U M P C
E R E M A U L K R S I L G M L S K P K O
O M O N S T E R E E Y P N A P P U A I M
O A G L E H V V O V K O I E R O M S H G
D L U L N B N X C A O E C R I U A S N F
E A B G A I L X E W O P N T A T R I I N
V C O E C N A R A E P P A S I D U N Y V
L I A M I S S I N G S T D F K R A K E N
O P T T R M E L O H K C A L B S P I H S
S O S M R O T S E V A W E U G O R N P I
N R L S U B M A R I N E S G I A K G Z P
U T K T H G I R F S F Y I D Y S H U Q C
```

RAIFUKU MARU

ROGUE WAVE

SHIPS

SINKING

SKEPTICAL

SPOOKY

STORMS

STRANGE

SUBMARINES

TROPICAL

UNSOLVED

VORTEX

WATERSPOUT

WAVES

AIRPLANES	DANCING LIGHTS	KRAKEN	
ALIENS	DEVILS TRIANGLE	LOST	
BAHAMAS	DISAPPEARANCE	METHANE	
BLACK HOLE	ELECTROMAGNETIC	MISSING	
BOATS	FRIGHT	MONSTER	
CARIBBEAN	GHOST SHIP	MYSTERY	
CLOUDS	GULF STREAM	OCEAN	
COMPASS	HURRICANES	PARANORMAL	
CYCLONE	INVESTIGATION	PEOPLE	

Oceanography

ANIMALS

ATLANTIC

ATMOSPHERE

BACKSHORE

BALTIC

BARENTS

BARRIER ISLAND

BIOSPHERE

CORAL

DEPTH

DUNE

EBB TIDE

```
M Z E B A H O N C A T M O S P H E R E H
Q Z O D N N I M I N E R A L S N J C K H
E R O S I O N G M R C B A C K S H O R E
D U N E M T U I H S N T S U N A M I S A
M Y O B A K B P P T E H M O B K O M I D
N Y I A L N Z B R T I I N X D C E N C L
K Y T R S A Z W E U C D O M E D M I E A
I T A R X L S C G R S S E A I E T P B N
I I T I R P T T O J E H N T A N N E E D
U N I E S O G B N A N L E N A O M N R I
U I P R N P E U F E I R S L I Z A I G H
E L I I U S R L K N R E T T E Y H L S C
C A C S L P O I E A A A A S R T P E G T
O S E L A O W R N L M R B E E I N R E E
S Y R A R H M E E G O N I A H C D O O F
Y R P N O T A V L P T U A W P O E H L U
S R G D C N E B A L T I C A S L P S O Y
T C Y G X L E V W A I M D T O E T R G H
E R U T A R E P M E T N F E I V H R Y X
M Y M J J U C K V H N Y G R B B J Y S U
```

ECOSYSTEM   MARINE SCIENCE   SALINITY   VELOCITY ZONE

EROSION   MEAN SEA LEVEL   SEA FLOOR

EVAPORATION   MEDITERRANEAN   SEAWATER

FETCH   MICROBES   SHORELINE

FOOD CHAIN   MINERALS   SPRING TIDE

GEOLOGY   OCEAN LINER   TEMPERATURE

HEADLAND   PLANKTON   TSUNAMIS

HIGH TIDE   PLATE TECTONICS   UPRUSH

ICEBERGS   PRECIPITATION   UPWELLING

Solution on page 158

```
J A C R L U G G A G E O V G Q X F S L U
S C P R U N X S R O N G N I P P O H S T
N A A Q U J Q E O E H I L A E M G H S A
K U I F K I A P C U L D C V T N Y E F O
S F S L B D S O B B V A B N I N V C F B
D M I T I U E E M N S E X K A E U E R G
B C O N E N V A D H V U N A F D L S C U
T L G O Z F G B E I P I N I T U I X O T
C E W T R R F Q S L R X L B R I J L W N
T V F E S L I U I D O E V J A S O S T K
N A V F R I L A B Y M H C L K T H N I Q
O R D X U C R A T E E M T T U E H O X Y
I T P J N B C U M L N Z G R O X N I P I
T B Q I B E D S O S A W F B O R U S N Q
A A L I F E B O A T D S K H L P B R A G
C L A Y K D R A O B E L F F U H S U Y N
A C A S I N O H J F D D X Y R O H C N A
V O S E A B R E E Z E U X W W B V X Z J
Y N D S L K M B E A C H E S V S T E R N
O Y E J Z O V L A H K C I S A E S A L L
```

Cruises

SEASICK

SHOPPING

SHUFFLEBOARD

SMALL ROOMS

SOUVENIR SHOP

STERN

SUN TAN

SUNBATHING

TOURIST

TRAVEL

TUG BOAT

VACATION

ALL INCLUSIVE

ANCHOR

BALCONY

BEACHES

BEDS

BUFFETS

CASINO

CREW

CRUISE DIRECTOR

DANCING

DRINKING

EXCURSIONS

FOOD BUFFET

FUN

GAMBLING

LIFE VEST

LIFEBOAT

LUGGAGE

LUXURY

MEAL

PORTHOLE

PROMENADE DECK

READING

RELAXATION

SAILING

SALT AIR

SEA BREEZE

Water Water Everywhere

BACKWATER

BAYS

BOIL

BRIDGES

BROOK

CURRENT

DAM

DESALINATION

DISTILLED

DIVING

DROPS

EROSION

EVAPORATION

FAUCET

FLOTSAM

FRESHWATER

GROUNDWATER

HYDROGEN

ICEBERGS

JETSAM

LAKE

MINERAL

OCEAN

OXYGEN

POND

POOL

POTABLE

PUDDLE

RESERVOIR

RIVER

RUNOFF

SALTWATER

SOFT

SPARKLING

SPRINKLER

STAGNANT

STEAM

STREAM

SWIMMING

TAP WATER

THIRST

TIDE

WELL

```
P O M T B P Q R E T A W P A T D W Q E I
S W I M M I N G E I J Y J U G I A K S Z
O Z V C B R O O K L F T J E T S A M N Z
P B H N U W Y S I L K C L N R L A G P V
V O M A E R T S O T Y N A B N O T E B R
C G E C U X R T M V A N I W G O E A G I
B G X B A Y S E L O G R W R G P C Z N V
J R D E S A L I N A T I O N P K U M I E
G T I N M O O O T T U Q P W S A E L R
F U H D O B F S A T N D E A A E F D K M
F N I I G P F T R D D R T L T V D I R S
O X F F R E S H W A T E R S B U E T A P
N R P N H S S A G F R S L S P A F L P Z
U O J D Y T T Q O N G E G L A F T Z S N
R H I Q D E H T X L I R F N I W S O T H
D O R S R L P R Y G E V U U A T H E P Y
Z N D R O P S K G B J O I T C E S R O X
V U W H G R E W E L L I E D G C C I F N
P C K P E F E C N L A R E N I M D O D V
P G E U N Q I O P T J K A U U R W K V M
```

Solution on page 158

California Coast

```
E O M Z G N I H S I F R A T S H I J B B
L U B L F F I L C H S A N D C A S T L E
P F Q E S N P W L A G U N A B E A C H A
O S A E L U E I N A E S E T I K R O S U
E H U N B M P W S G B B U C O R A L U T
P W C R R R O O P M N Y L N E Q B D N I
T H F A F U A N T O O I E A S Y U W S F
E A F B E B S B T C R B H L E C W A H U
T L H A X B O G E S O T E T L S R T I L
P E N J M L N A I A H N B A A O F E N B
E W N A D I N A R B C O O E C B V R E O
B A R M T B L D T D M H R I A H N O N N
B T T N R N W I S T S J T E T C X U I F
L C U E K A U X E W A V Z O X A H P S I
E H E Y L K W S M S M H X R W S C H O R
B Z D K C H C A E B O D N O D E R A X E
E A A O A C I N O M A T N A S D L E V S
A T D O O W T F I R D Y H F M J H S I C
C A M P I N G F I R E P I T J C P G K P
H C A E B G N O L I F E G U A R D Y S Q
```

PIERS

PISMO BEACH

REDONDO BEACH

SAND CASTLE

SANTA MONICA

SEAL BEACH

STARFISH

SUN TAN

SUNBATHING

SUNSCREEN

SUNSHINE

SURF BOARDS

VACATION

VOLLEYBALL

WARM

WHALE WATCH

BARBEQUE	COLD WATER	LAGUNA BEACH	
BEACH TOWELS	CORAL	LIFEGUARD	
BEAUTIFUL	DOCK	LONG BEACH	
BELMONT SHORE	DRIFTWOOD	MANHATTAN BEACH	
BIG SUR	FAMILIES	NEWPORT BEACH	
BOARDWALK	FIRE PIT	OCEAN BREEZE	
BONFIRES	FISHING	OCTOPUS	
CAMPING	HUNTINGTON BEACH	PEBBLE BEACH	
CLIFF	KITES	PEOPLE	

Solution on page 158

Beach Park

```
Z A S W J C Z T M B R R C H I L D R E N
S A D Y A T R A S H C A N E D R A G C G
G P Q B A S E B A L L D I A M O N D A Y
N A S Q A R E L E E H W S I R R E F L H
I V Z H C S R E C I F F O E C I L O P K
W I N E E B K X S L H I L E S N E O E K
S L C S B L Q E J X O L N T R O L T R R
S I J M H O T Y T S A W U I E G L B I S
A O O B S A S E D B T N N K K N A A F Z
R N G L X O D E R N A A S S I D B L V W
G X G A R F C E N E A L O W B S E L L J
X R E N O E H C P O I C L B N L G F A H
O S R K S T O D E D C E N C E N D I N C
B S S E E U E N E R D W U O O L O E D T
D L R T S T V C A S F A O C T U D L S O
N A E Z S T R U O C S I N N E T R D C C
A W W A N O I T A E R C E R S B O T A S
S N O E G I P L A N T S Y L C B R C P P
F R L W Q P L A Y G R O U N D P U A E O
W F F D N O P B I X S Y C R Q Y V Q B H
```

BARBECUE

BASEBALL DIAMOND

BASKETBALL COURT

BIKERS

BLANKET

CANOE

CHILDREN

CLOWNS

COTTON CANDY

DODGE BALL

FERRIS WHEEL

FIREPLACE

FLOWERS	LANDSCAPE	RECREATION	SOCCER FIELD
FOOTBALL FIELD	LAWN	ROASTED PEANUTS	SWINGS
GARDEN	PADDLE BOATS	ROSES	TENNIS COURTS
GAZEBO	PAVILION	SANDBOX	TETHERBALL
GRASS	PIGEONS	SEESAW	TRASH CAN
HOPSCOTCH	PLANTS	SHADE	
ICE CREAM	PLAYGROUND	SHELTER	
JOGGERS	POLICE OFFICERS	SLIDE	
KITE	POND	SNOW CONES	

Solution on page 158

Hawaii

```
Q P J F T S H C A E B T P Y B K I X O F
U R C P R E S O R T D S W A G M M Y V W
Q S O A Z O U J H C A E B I K I K I A W
M K C R G N O D O G N I V I D A B U C S
K H O A N A H R V D I A M O N D H E A D
K Z N D I C A E N A C R A G U S V M T N
M P U I F L N Y T K C O Z P J M L C I A
R A T S R O U F W L O B O H N O D B O S
Z C S E U V P R E O L R R U W U Q X N E
B I E Y S Y M A C A D A M I A N U T S T
H F P C P F R X C T F H T T U T U T P I
Y I O S K W B I G I S L A N D A R X O H
B C C C A A P O S R D R G Q S I E L T W
E P S T E O H H I O P A S N K N U H A O
U A E M R A I O L L E E X S I S F A A V
Y R L T N N N P O L Y P S F O M N N M B
J R E A G J H W G L V S E E R T M L A P
C O T G N I C N A D A L U H H I K I N G
N T P I N C U V L R N W Q Q N Y I D W Z
E S K S V J A G G B E L E L U K U U H S
```

BEACHS	GRASS SKIRTS	MOUNTAINS	PEARL HARBOR
BIG ISLAND	HIKING	NAVY	POI
CLEAR WATER	HULA DANCING	OAHU	PUNAHOU
COCONUTS	JUNGLE	OCEAN	RESORT
CORAL REEF	KAHOOLAWE	OHANA	SCUBA DIVING
DIAMOND HEAD	LAVA	PACIFIC	SUGAR CANE
DOLPHINS	LEIS	PALM TREES	SURFING
DON HO	MACADAMIA NUTS	PARADISE	SWIMMING
FISHING	MAUI	PARROTS	TELESCOPES
			TROPICAL
			UKULELE
			VACATION SPOT
			VOLCANOES
			WAIKIKI BEACH
			WHITE SAND

Solution on page 159

Miami Beach

ART DECO

ATLANTIC

BEACH BALLS

BIKINIS

BISCAYNE BAY

BOATS

BOTANICAL GARDEN

CABANAS

CAUSEWAY

COLLINS AVENUE

CUBAN FOOD

DOLPHINS

```
U R N I G H T L I F E G U A R D S X Y Z
B N Z G A T W I W B Y X D K L B P E S B
O S T E U N E V A S N I L L O C R S O W
A P O B G D U C I T N A L T A D I L U R
T A U C U B A N F O O D A D S O N L T E
S N R E X Y W C Y O A N N N D L G A H Z
T I I T W A A A C P I A T O R P B B B F
N S S O D B W E L C S L M S A H R H E O
A H T P A E A P A L M S L A O I E C A W
R B S N S N C L G Z M I U E B N A A C G
U A A U D Y G O O I D R H L F S K E H N
A S A R N A Z T R W X E Q G R H K B P I
T C I W R C F B C Z K H I E U E X S E G
S V Y D Y S S W E B X S V I S L L U O H
E W E M L I J O I V X I V K Z L B L P T
R N Y E E B I K S Y N F Q C S S E I L C
D N T H U M I D L N D O R A L H O T E L
I O S O G N I M A L F X N J C I S U M U
H S A B I B L I N C O L N R O A D A N B
M M H S W W G S D R I B W O N S N N Z S
```

DORAL HOTEL

FISHER ISLAND

FLAMINGOS

GIANNI VERSACE

HOTELS

HUMID

JACKIE GLEASON

LA GORCE ISLAND

LIFEGUARDS

LINCOLN ROAD

MUSIC

NAUTILUS

NIGHT LIFE

NIGHTCLUBS

OCEAN DRIVE

PALMS

PEOPLE

RESTAURANTS

SAND

SHELLS

SNOWBIRDS

SOUTH BEACH

SPANISH

SPRING BREAK

SURFBOARDS

TOURISTS

Beachcombers

```
T Z A T K H U T V S V F U U B T S E B X
H W H L C O I N S N I H C R U A E S O U
D S S W A T C H E S W S G D A H A R M S
R H E C J G B H L T A H I T I O M L A V
P O S A I G N I K O O L C O O L E R S X
E V B E S T D D S S M B G C Y F T E T A
F E A V I H S R R S T J O H S B A W O A
C L R O E T E A A A E N P A C I L A L K
M M C B X D I L L L O Y E I T A D R F C
H A Z W T G L S L P X B H R K S E D G H
O X S I H E N Y O S M D E S R C T B N J
Y H D T R A F C D I F A Y I R U E T I E
S E O B E I R G D D R N I E G L C Q H W
T S M B S J N F N D D U A S W O T P S E
E U A H S I F R A T S T C O E C O P I L
R E U C D X X T S A I L O R S N R B F R
S P M N O S D R A O B F R U S O Y Z S Y
X T I S C A V E N G I N G O N H G L Y F
P F F D E D R A C S I D R I F T W O O D
V R E B M U L O S T H F F Q A N O E T P
```

SAILORS

SAND DOLLARS

SCAVENGING

SEA BEANS

SEA URCHINS

SEASHELLS

SHOVEL

STARFISH

SURFBOARDS

TAHITI

TOYS

UMBRELLAS

WATCHES

WHARF

BEACH GLASS

BOATS

BOOGIE BOARD

CHAIRS

COINS

COOLERS

CRABS

CURIOSITIES

DISCARDED

DRIFTWOOD

FINDING

FISHING

FLOTSAM

JELLYFISH

JETSAM

JEWELRY

LOOKING

LOST

LUMBER

METAL DETECTOR

OYSTERS

PLASTICS

POLYNESIA

RECREATIONAL

RED TIDE

REWARD

RIP CURRENTS

Pebble Beach

ACE

AMATEUR

BEAUTIFUL

BING CROSBY

BIRDIE

BOGEY

BUNKER

CADDY

CALIFORNIA

CARD

CHIP SHOT

COASTLINE

COURSE

CUP

DIMPLE

DUNK

FADE

FAIRWAY

FLAG

FRONT NINE

GALLERY

GIMME

GOLF CART

GRASS

GREENS FEES

GRIP

HOOK

IRON

LEADER BOARD

MONTEREY

OCEAN

PAR

PGA

PIN

PROFESSIONAL

ROUND

SAND TRAP

SCRATCH PLAYER

SENIORS

SLICE

TEE

TOURNAMENT

US OPEN

WEDGE

WHIFF

```
J K S L F O Q R W K E A G S X Y U Z Q X
E P K S N L P O N N P U R O L M D A J I
U H R O C R A U I C Y R E L L A G D G G
Y J B E R O D N P R M C E X K F I Q A O
P P J U H S T D O A H R N H P M C C B C
I C K H D N M U G I F U S O P E N A I Y
Z Y U Y O A Y I P Y S P F L H U W R R E
E T M R E E K S V G D S E X L H G D D T
J D F Y Z C H O P C A S E N I O R S I T
L Q K S Q O A V O R A P S F H A A U E A
K I P P T L X A G H R L F S O I S D R U
E V A P Y B S O R C G N I B E R S B C E
W F R U E T A M A X E V R F F O P E S K
B L A C L M O N T E R E Y F O N T A L Q
I U Z I W P T M I L D A T R V R N U G R
C Y N E R T N E M A N R U O T D N T Q U
D E D K J W G W E M M I G A T E C I L S
G G D R E Y A L P H C T A R C S N F A L
E O W A F R L Y R E K H A R E S R U O C
L B Z T F E F G G R I P I E Q O S L L Z
```

Solution on page 159

Dog Beach

```
B A L I N E S E M A N X O F F L E A S H
G G O D P E E H S A N O I T A E R C E R
I G R O C H S L E W C H O W C H O W R O
P I A B Y S S I N I A N P U F T R T E T
P O M E R A N I A N C E E O T E S R G T
S B W R V E T N E M N O R I V N E E U W
F A E M E Z I L A I C O S E E A R P L E
F Z I A E V Q P L A Y H I T N M I O A I
G O M N G S E I L X T R A O A E K O T L
A H A P T L I I R E T C N N D S I C I E
G C R I B B E C R E K G S K T E N S O R
R H A N O J E R R T T H F I A N T R N N
E I N S X U I R E E E T C N E A E E S A
Y H E C E E O P N P X R E E R V R P B I
H U R H R D P X H A E E N S G A A O A R
O A C E A I O E D Y R I T E H J C O S E
U H H R H S R E N W O D L S D S T P S B
N U B W M D N U O H D O O L B L I L E I
D A C H S H U N D N U O H X O F O R T S
L E I N A P S R E K C O C H Z C N G I N
```

ABYSSINIAN

BALINESE

BASSET

BEAGLE

BLOODHOUND

BOXER

CHIHUAHUA

CHOW CHOW

COCKER SPANIEL

COLLIE

DACHSHUND

DOBERMAN PINSCHER

ENVIRONMENT

EXERCISE

FOXHOUND

GERMAN SHEPHERD

GOLDEN RETRIEVER

GREAT DANE

GREYHOUND

INTERACTION

IRISH SETTER

JAVANESE

KELPIE

LABRADOR RETRIEVER

MANX

OFF LEASH

OWNERS

PERSIAN

PLAY

POMERANIAN

POOPER SCOOPER

RECREATION

REGULATIONS

ROTTWEILER

SAINT BERNARD

SCOTTISH TERRIER

SHEEPDOG

SIBERIAN

SOCIALIZE

TONKINESE

WEIMARANER

WELSH CORGI

WHIPPET

Solution on page 159

Florida Beaches

BATHING SUITS

BEAUTIFUL

BIKINIS

BOYNTON

CHILDREN

COCOA BEACH

CROWDED

DAYTONA

DEERFIELD

DELRAY

DOLPHINS

EVERGLADES

FERNANDINA

FORT WALTON

HALLANDALE

HOT

JACKSONVILLE

JELLYFISH

KIDS

LIFEGUARDS

MOTELS

```
D W I S B O Y N T O N A P M O P B O U Z
B A T H I N G S U I T S S T A R F I S H
N J A C K S O N V I L L E N D N O M R O
E M D A I C T W A V E S U T A Z Y C I J
E Y D E N F O R T W A L T O N W M H N C
R T S B I B D C V L H E H T M A S I E A
C U E M S S E M O Y P W D O O R P L V N
S R A L L O D D N A S O E M T M Q D U O
N T S A Q Q W R B N B T L B E W Q R O T
U L H P V Y O E A E V E R G L A D E S Y
S E E T E X R N S U N T A N S T H N F A
U N L S R C C A F X G H Y C W E A S E D
N E L E O D E E R F I E L D H R L H R O
S S S W B K F C D N U C F N K Y L A N L
H T O J E C N O A G N I L I A S A R A P
I S T N A R U A T S E R D Z L M N K N H
N S N A C I L E P V F S W D E G D S D I
E J A B H S I F Y L L E J L M V A F I N
A J X I G N I F R U S E A G U L L S N S
Z Z F E K J A Z E L U F I T U A E B A A
```

OCEAN

ORMOND

PARASAILING

PELICANS

POMPANO

RESTAURANTS

SAND DOLLARS

SEAGULLS

SEASHELLS

SHARKS

SOUVENIRS

STARFISH

SUNSCREEN

SUNSHINE

SUNTAN

SURFING

TOWELS

TURTLE NESTS

VERO BEACH

WARM WATER

WAVES

WEST PALM BEACH

Santa Cruz, CA

```
C O A S T A L I B E R A L V U X U X D G
R A B L E T O P S Y R E T S Y M E H T J
Z E T H V S S E A B R I G H T B E A C H
A E D A O I E U N E V A C I F I C A P O
P F V W L J D A L Y V S W I M M I N G L
G R C M O Y L V O I L I F E S T Y L E Y
N A O P I O S I R W G S T S C J K E I C
I H N G T S D T E E F H E A Y C T M O R
F W S R R Y S S N R W G T T N R F M T O
R C O N L E T I Z I D O I H O R M B W S
U P O L O C S H O I G S T F O U E S I S
S T I U L I D S R N R H I K N U U T N B
A C O I N P L B I E S C T I C C S L L O
W O F U V T L A V V N T T C S O H E A A
S F O K R A Y I E A E Y R C L I L O K R
A U G A R I N S R S I M U E S U M C E D
W L V U H U S B E T T R O S E R B V S W
A C T I V I S M Y A B Y E R E T N O M A
A A B A E K A U Q H T R A E N O L H O L
N K M V M I E T A C B O F F M T F M W K
```

SAN LORENZO RIVER

SEA LIONS

SEABRIGHT BEACH

SURFING

SWIMMING

THE MYSTERY SPOT

TOURISM

TWIN LAKES

UCSC

UNIVERSITY

WEST CLIFF

WHARF

ACTIVISM	COUNTY SEAT	MONTEREY BAY
ALTERNATIVE	EARTHQUAKE	MUSEUM
AWASWAS	FOG	NATURAL BRIDGES
BOARDWALK	HOLY CROSS	OHLONE
BRANCIFORTE	IDYLLIC	PACIFIC AVENUE
CATALYST NIGHTCLUB	LIBERAL	PORTOLA
CLOCK TOWER	LIFESTYLE	PROGRESSIVE
COASTAL	LIGHTHOUSE	REDWOODS
COMMUNITY	MISSION STREET	RESORT

Chicago Beaches

BOATING

CALUMET RIVER

CANAL

CLEAN

COLUMBIA

DES PLAINES RIVER

DUPAGE RIVER

FARGO

FISHING

FOSTER AVENUE

FOX RIVER

HARTIGAN

```
U N C O L U M B I A W E F I S H I N G L
Q K L A K E F R O N T F T B C L E A N P
H R E P L L F K D O O W Y L L O H G I C
O A W U Y U O A K S T R E E T P R A T T
W P C B P A M H T N I D O L O Y O L A M
A T V L L A K E M I C H I G A N M E O F
R D Z I L E R L T P E S Z P R J C N B M
D L L C J A F O X R I V E R X A T I N O
U O P B V G N I M M I W S E R R F A P T
P B T E R U S I E L W V U R O V T E E K
A M N A D E S P L A I N E S R I V E R S
G U O C D H O I L X E T E R L S R A O H
E H R H J F N K Y V Y A C O R T P U H O
R A F H L O I Z A A V P P E S N T R S R
I R R Y I N U N W E O O G O L H N B H E
V T E S G Q O E N P R O I O S L A A T L
E I T D A S N U M T R H C H Y K E N R I
R G A C L U E B E N O N O D C K O O O N
I A W I J X H M O G I R A I N B O W N E
M N W X A C A N A L E L A D N R O H T E
```

HOLLYWOOD

HOWARD

HUMBOLDT PARK

ILLINOIS

JARVIS

JUNEWAY TERRACE

LAKE MICHIGAN

LAKEFRONT

LEISURE

LEONE

LINCOLN PARK

LOYOLA

METROPOLITAN

MONTROSE AVENUE

NORTH SHORE

OAK STREET

OHIO STREET

PRATT

PUBLIC BEACH

RAINBOW

ROGERS

SHORELINE

SOUTH SHORE

SWIMMING

THORNDALE

URBAN

WALKING

WATERFRONT

WILSON AVENUE

Solution on page 159

French Riviera

```
O Q T V I L L A D E R O T H S C H I L D
X R B Z H F V S N A D E N I H S N U S R
R K P F B O U I L L A B A I S S E J Y I
B E A U T Y G E U Q S E R U T C I P D N
I N M P R I N C E R A I N I E R U F S K
K I S B S F F P Q G N I T H C A Y P W I
I L L S U P I P U O L U D S E G R O G N
N O E E N R W L P H T Z A N Z I B A R G
I R T U B O I I M D R N W M N Y E P P A
L A O Q A M N S E F D M S C A S I N O M
U C H N T E E F D X E I E G N I T A O B
X S O A H N R C O U R S S A L E Y A N L
U S L L I A I N T U S Y T L A Y O R X I
R E I A N D E A O G E L L I E S R A M N
Y C D C G E S T R T E C N E V O R P G G
C N A S E N N A C Y B L U E W A T E R H
H I Y X H G C O A S T A L T A W L E A R
S R S Y M E D I T E R R A N E A N W S C
I P R U N M O N A C O L I V E S F R S G
B E F G M F A L I Z Z M T T T N I C E I
```

BEAUTY

BIKINI

BLUE WATER

BOATING

BOUILLABAISSE

CALANQUES

CANNES

CASINO

COASTAL

COURS SALEYA

DRINKING

FILM FESTIVAL

FISH

GAMBLING

GORGES DU LOUP

GRASSE

HOLIDAY

HOTELS

INSTITUT DE FRANCAIS

LUXURY

MARSEILLE

MEDITERRANEAN

MONACO

MUSIC

NICE

OLIVES

PICTURESQUE

PRINCE RAINIER

PRINCESS CAROLINE

PRINCESS GRACE

PROMENADE

PROVENCE

ROYALTY

SAND

SUNBATHING

SUNSHINE

TAN

TOURISM

VILLA DE ROTHSCHILD

WINERIES

YACHTING

ZANZI BAR

Seaports

AITUTAKI

ALEXANDRIA

AMSTERDAM

AUCKLAND

BALTIMORE

BAY OF ISLANDS

BELAWAN

BUENOS AIRES

CADIZ

CAIRNS

CHAN MAY

CIVITAVECCHIA

EL NIDO

ENSENADA

EXMOUTH

HAKODATE

HILO

HONOLULU

ISTANBUL

IWO JIMA

JUNEAU

KAGOSHIMA

KETCHIKAN

LAEM CHABANG

LAHAINA

LAKE CHARLES

MALAGA

MAPUTO

MELBOURNE

MONTEVIDEO

MUMBAI

PENANG

PORT KLANG

PUERTO MADRYN

RAROTONGA

SALALAH

SAN FRANCISCO

SITKA

SORRENTO

TIANJIN

TIMARU

TOKYO

VANCOUVER

VERACRUZ

YANGON

```
W A D A N E S N E P E G N A L K T R O P
V O L U M A L L S N R I A C P G U T C Y
Y M K C D I W I K A T U T I A G R T S C
M C E K T K J A R E R O M I T L A B I L
A G A L A M A O L S T Z D Q W I M V C B
P D L A B N T G W E U A I I R R I A N N
U L U N F O Y R O I B B D D N T T N A V
T A B D N V U R S S U Z N O A L C C R L
O K N G K G E R D E H A L V K C E O F D
O E A M E N O R N A X I E Q O A Y U N A
I C T R T A H O A E M C M M E X H V A T
P H S S C B S Q L C C O U A D E G E S T
S A I O H A A A S H R E T D I X N R O I
C R Y R I H L Y I O D U J R V M A H X A
Q L U R K C A A F N I A Z E E O N U N N
H E E E A M L M O O H E M T T U E T O J
I S G N N E A N Y L Y N Y S N T P D G I
L S I T K A H A A U O U N M O H B J N N
O Y K O T L Z H B L T J N A M U M B A I
X T Z A K L D C Q U L A H A I N A K Y R
```

Solution on page 160

```
W V Z S N N U D H I T R G C B D Y C P B
O S I A R A P L A V R T A I A U H S U G
Q Y K B O L I V I A T O G O B Y Z O Q S
Q X N M C Y K B I Z E D H H C F E I T Q
P G U A Y A Q U I L O S O V E U N N O W
C M G B E L O H O R I Z O N T E Q O N S
X D U A B C R M P U N T A D E L E S T E
K Q Y H R O O E O P O R T O A L E G R E
P S A C A R A C C N M E N D O Z A M P R
J Q N O Z A M A I U T S A O P A U L O O
U F A C I M C X J T A E A M A L L Y S D
E R C W L A P A Z I N D V L Y E I A U A
F R E N C H G U I A N A O I Y U M U R V
O S E P E N O S T R U M L R D Z A G I L
E P A C I F I C O C E A N T M E E A N A
N O I C N U S A D N O C A N A N O R A S
F F D O B I R A M A R A P C T E S A M L
D P R A I N F O R E S T I I Y V S P E F
L D K R D K B B A R R A N Q U I L L A B
U M E A I B M O L O C A R T A G E N A F
```

OSTRUM

PACIFIC OCEAN

PARAGUAY

PARAMARIBO

PERU

PESO

PORTO ALEGRE

PUNTA DEL ESTE

RAINFOREST

SALVADOR

SAO PAULO

SURINAME

USHUAIA

VALPARAISO

VENEZUELA

AMAZON	BOLIVIA	FRENCH GUIANA
ANACONDA	BRAZIL	GUAYAQUIL
ARGENTINA	BUZIOS	GUYANA
ASUNCION	CARACAS	LA PAZ
ATACAMA DESERT	CARTAGENA	LIMA
ATLANTIC OCEAN	CAYENNE	LLAMA
BARRANQUILLA	COCHABAMBA	MENDOZA
BELO HORIZONTE	COLOMBIA	MONTEVIDEO
BOGOTA	ECUADOR	NUEVO SOL

Solution on page 160

Money in Your Pocket

BOLIVARES

BRAZILIAN REAL

CHINESE YUAN

DANISH KRONE

DEUTSCHE MARKS

DINARS

DIRHAMS

DOLLARS

DRACHMAE

ESCUDOS

EURO

FRANCS

GUILDERS

HUNGARIAN FORINT

KORUNY

KRONER

KWACHA

LEVA

LIRE

MALAYSIAN RINGGIT

MARKKAA

NEW SHEKELS

PESETAS

POUNDS

PULA

RAND

REAIS

RINGGITS

RIYALS

RUBLES

RUPEES

RUPIAHS

SCHILLINGS

THAI BAHT

YEN

ZLOTYCH

```
G D F E R I N G G I T S P Y Q J Z Z C E
N S S K S E E G U I L D E R S W T W O V
F K E Y Y P U L A S R C C R U B L E S S
H T Z H F R A R U P E E S H A I P U R V
S I I L F D L Y O V D N U R O V T L X V
M D K G G Q S A N A U Y E S E N I H C I
Q M X M G S L G J B K Y P Z I E N L M X
A H U S R N D A N I S H K R O N E Q O V
R H Y K A I I N E I A E O D S K W K F B
I W C R N H T R U R L F C Z V O S K P I
T G V A D J H C N O N L C D I R H A M S
A D R M W Z A C S A P A I O Q U E K Z O
I S Z E U K I D I D I A I H R N K R T D
P C L H I O B R A I Y S M L C Y E O K U
X N O C Y P A A E Z E A Y D I S L N R C
L A T S E G H C R P R N U A N Z S E F S
T R Y T N C T H L K T L D O L L A R S E
K F C U S O L M K P P E S E T A S R I P
G P H E R I Y A L S U V B Y C R M F B E
U H N D I I A E R I L A S K F H I Y C O
```

Solution on page 160

```
E Z E T R O C O R O N A D O I T A L Y W
L C N W O N K N U E H T R E I T N O R F
L F E R D I N A N D M A R Q U E T T E C
A P I Z A R R O B A L B O A O F N O V A
S C L R P R O L I A S N A V I G A T O R
A A A A N D R E W C R O F T P K M O C T
L N R D E R E H T K I R E B B A A S S I
E A M L Y R A L L I H D N U M D E E I E
W R S P D Z E X P E D I T I O N S D D R
I Y T I L A O T E N Z I N G N O R G A Y
S I R H U M P H R E Y G I L B E R T N H
A S O A M E R I G O V E S P U C C I I P
N L N L S G R V A S C O D A G A M A E A
D A G A V A J F R I A R J U L I A N L R
C N I G E N O A S A N T A M A R I A G G
L D R M C O L U M B U S W P J D D E O O
A S C H A R L E S W I L K E S E F C L T
R S A E H T Y P K O O C S E M A J O D R
K R E S E A R C H I N G Z H E N G H E A
V N T V V P I N T A C A R I B B E A N C
```

AMERIGO VESPUCCI

ANDREW CROFT

BALBOA

CANARY ISLANDS

CARIBBEAN

CARTIER

CARTOGRAPHY

CHARLES WILKES

COLUMBUS

CORONADO

CORTEZ

DANIEL GOLDEN

DESOTO

DIAS

DISCOVERY

EDMUND HILLARY

ERIK THE RED

EXPEDITIONS

FERDINAND

FRIAR JULIAN

FRONTIER

GASPAR CORTE REAL

GENOA

ITALY

JAMES COOK

LASALLE

LEWIS AND CLARK

MARQUETTE

NAVIGATOR

NEIL ARMSTRONG

OCEAN

PATRONAGE

PINTA

PIZARRO

PYTHEAS

RESEARCH

SAILOR

SANTA MARIA

SEAMAN

SEARCHING

SIR HUMPHREY

GILBERT

TENZING NORGAY

THE UNKNOWN

VASCO DA GAMA

ZHENG HE

Vacation in Europe

```
Q S C T O F C T W K A S D G C N T B Y N
X U N L E K Y A E T G F L A L B A N I A
S R R R O E D N F Q N A N D O R R A B Y
H P R C M U I G L E B C N A L B T N O M
Y Y O Y R E V O L G A R I V E R J A G V
T C Z R S O D R A H E O O P U F R A R U
K C H A T N A I E D B I P C L E C I E C
G U M G S U H T T N V E N O I O D V E Z
J I N N L D G I I E N O R V N A K A C A
Z S F U W L N A K A R E I T K X K N E I
P I Z H U K P A L I N R I B Z L B I A R
I N H Z P S H P L C N N A L J A F D I T
D E N O Z O R U E R E G N N R F C N N S
C G D P N I E T S N E T H C E I L A E U
D E N M A R K N T N X H E L V A S C V A
Y R A F L G N I I K S L T A O S N S O T
A M L V P O L A N D O O L E I N J E L L
O A G V S X R R N N W S U O N J D B S A
X N N O M K H T A E V W R S A H N O O M
R Y E I U Y E K R U T C G W R R A R N H
```

AIRPLANE

ALBANIA

ALPS

ANDORRA

AUSTRIA

BARCELONA

BELGIUM

CAFE

CONTINENT

CROATIA

CROISSANT

CUISINE

CYPRUS	HIKING	NETHERLANDS	SPAIN
DENMARK	HUNGARY	POLAND	TRAIN
EIFFEL TOWER	IRON CURTAIN	PORTUGAL	TURKEY
ENGLAND	LIECHTENSTEIN	RIVIERA	UKRAINE
EUROZONE	LONDON	SCANDINAVIA	VOLGA RIVER
FERRY	LOUVRE	SEINE	
FLORENCE	MALTA	SKIING	
GERMANY	MEDITERRANEAN	SLAVIC	
GREECE	MONT BLANC	SLOVENIA	

Solution on page 160

Australian Adventure

```
R A W H O E U R U L U C A T A M A R A N
U G C R I C K E T I A R T S S E R R O T
H L O O R A G N A K O O K A B U R R A A
T O N Q A N A E C O N T I N E N T K S S
R R H T R E P L A T Y P U S T H L A G M
A B N E C H I D N A L S N E E U Q K A A
T F W E S T E R N A U S T R A L I A E N
R H C N A E C O N A I D N I W R A D N I
O A O S H E E R T S U T P Y L A C U E A
P R R D N A L S I R E S A R F Y P M W D
E B A I F A I L A R T S U A H T U O S N
N O L B U S H I R E S U O H A R E P O A
A U S T R A L I A N C A P I T A L M U L
L R E E I H T L A E W N O M M O C G T S
C B A C B O O M E R A N G T R A B O H I
O R E N R U O B L E M K C A B T U O W N
L I E Y B R I S B A N E D I A L E D A E
O D A I R O T C I V G N I M M I W S L E
N G W O M B A T D E R W E N T R I V E R
Y E N D Y S B L U E M O U N T A I N S G
```

ADELAIDE	CONTINENT	GREEN ISLAND
AUSTRALIAN CAPITAL	CORAL SEA	HARBOUR BRIDGE
BLUE MOUNTAINS	CRICKET	HOBART
BOOMERANG	DARWIN	INDIAN OCEAN
BRISBANE	DERWENT RIVER	KAKADU
BROLGA	ECHIDNA	KANGAROO
BUSH	EMU	KOOKABURRA
CATAMARAN	EUCALYPTUS TREE	MELBOURNE
COMMONWEALTH	FRASER ISLAND	NEW SOUTH WALES

NORTHERN TERRITORY

OCEANA

OPERA HOUSE

OUTBACK

PENAL COLONY

PERTH

PLATYPUS

PORT ARTHUR

QUEENSLAND

SOUTH AUSTRALIA

SWIMMING

SYDNEY

TASMANIA

TORRES STRAIT

ULURU

VICTORIA

WESTERN AUSTRALIA

WOMBAT

Solution on page 160

Seas Across the Globe

AEGEAN SEA

ARABIAN SEA

ARCTIC OCEAN

ATLANTIC OCEAN

AZOV SEA

BALTIC SEA

BAY OF BENGAL

BAY OF BISCAY

BERING STRAIT

BLACK SEA

BOHAI GULF

CARIBBEAN SEA

CHESAPEAKE BAY

CORAL SEA

EAST CHINA SEA

GULF OF ALASKA

GULF OF CARPENTARIA

GULF OF MARTABAN

GULF OF MEXICO

GULF OF PARIA

GULF OF THAILAND

HOOGHLY RIVER

KOREA BAY

MEDITERRANEAN SEA

PUGET SOUND

RED SEA

SAINT LAWRENCE RIVER

SAN FRANCISCO BAY

SEA OF MARMARA

SOUTH CHINA SEA

STRAITS OF MALACCA

TASMAN SEA

TYRRHENIAN SEA

```
G K H O O G H L Y R I V E R E D S E A R
U I F G B C C A R I B B E A N S E A D Y
L Z S A N F R A N C I S C O B A Y B K A
F D N A L I A H T F O F L U G I D N C E
O C I X E M F O F L U G Z V P N A C H S
F O Y A C S I B F O Y A B Y U T A X E A
P A I R A T N E P R A C F O F L U G S N
A S G A R A A A A Z O V S E A A F A A I
R O U B A S E M E H W T P M Q W L T P H
I U L I M M C S Q N E Z F M O R U L E C
A T F A R A O M K G A O Y G N E G A A T
E H O N A N C L U C S R F G U N I N K S
S C F S M S I P R T A P R G U C A T E A
N H A E F E T A I I Q L U E Q E H I B E
A I L A O A C A X Y Q Q B H T R O C A S
E N A B A T R A M F O F L U G I B O Y L
G A S G E T A E S C I T L A B V D C R A
E S K W S T I A R T S G N I R E B E A R
A E A E S N A I N E H R R Y T R G A M O
L A G N E B F O Y A B A E R O K W N H C
```

Solution on page 160

```
U H O O E E N C H I L A D A N E S N E E
I S C Y P R M A O S A N C A R L O S H A
C P L A Y A D E L C A R M E N D Q A U U
Y A U M R S N A X T O L A D N E I C A H
T N P E T C K C M I I C I P B A J A T A
I I A D R E O O H A C T X N A P B X U U
J S C O O T M P Q O R O H E A T S A L H
U H A C P Z O P U M V R C C T C X O C I
A Y R N I A N E E A E I E I O E R I O H
N T I I C O T R S M R S L I T N K U B C
A Z B C O A E C A C E A O L S Y E A Z H
L U B O F N R A D F O X J A A J O T L A
T R E C C N R N I F X N S A M Y A U G R
A C A S A A E Y L R X L D U L E R M W R
Z A N A N A Y O L T E Q U I L A R S R E
A R S B C T S N A Y A M O C D Z D I Z A
M E E A E N M S A C U L N A S O B A C D
C V A T R A L L A V O T R E U P P Z U A
Z E C N K S I L A C I X E M J A V U M G
W F A L H E V M Y Q G U L A L B E U P W
```

ACAPULCO

AZTECS

BAJA

CABO SAN LUCAS

CARIBBEAN SEA

CHARREADA

CHIHUAHUA

CINCO DE MAYO

COPPER CANYON

ENCHILADA

ENSENADA

GUADALAJARA

GUAYMAS

HACIENDA

HUATULCO

IXTAPA

LA PAZ

LAKE TEXCOCO

MAYANS

MAZATLAN

MESOAMERICA

MEXICALI

MEXICO CITY

MONTERREY

OAXACA

PANCHO VILLA

PEMEX

PLAYA DEL CARMEN

PUEBLA

PUERTO ESCONDIDO

PUERTO VALLARTA

QUESADILLA

SALINA CRUZ

SAN CARLOS

SANTA ANNA

SIERRA MADRE

SPANISH

TABASCO

TENOCHTITLAN

TEQUILA

TIJUANA

TROPIC OF CANCER

VERACRUZ

Solution on page 161

Islands

ADMIRALTY

ALEUTIAN

ARCHIPELAGO

ARUBA

ASCENSION

ATOLLS

BAHAMAS

BERMUDA

BORNEO

CATALINA

CHANNEL ISLANDS

CORSICA

```
T O J Y A I N A M S A T E K C U T N A N
N C E R Y A O M A S A R D I N I A D L Y
D U U N O T T T D T P I J X E N U A O A
O B R B O I C N R U V I R R D M B N N W
A E S O A I A H E O F C R O R W R J G D
H A E R C L S R A K G A I E T E K T I I
U S L N N Y T N J N D A B N V C W W S M
A T L E H O T U E E N I L U A F I G L S
H E E O R P H L L C S E O E D C R V A U
C R H I J O U F A L S C L S P E L T N I
G C C I L B U P E R N A C I N I M O D T
I O Y V S E S O B A I A L A S F H N V I
X C E T G D F O V A N M D E M L A C L R
A N S O P M N J G S H A D T U L A I R U
T C I R A C S A G A D A M A A T T N V A
O P I N Q Z Z V L S P A M E F I I M D M
L S A S R I L A N K A A Z A A R W A R S
L Q W A R T A M U S L W L H S P X A N T
S A A Q K O D I A K E A C A T A L I N A
X Q H Y L I C I S N P D F D G G C Z M A
```

CUBA	HAWAII	NEW ZEALAND	TAIWAN
DOMINICAN REPUBLIC	ISLE OF MAN	OAHU	TASMANIA
EASTER	JAVA	PUERTO RICO	TIERRA DEL FUEGO
FALKLANDS	KODIAK	SAMOA	VANCOUVER
FIJI	LONG ISLAND	SARDINIA	VICTORIA
GALAPAGOS	MADAGASCAR	SEYCHELLES	VOLCANIC
GREENLAND	MAURITIUS	SICILY	
GRENADA	MIDWAY	SRI LANKA	
HAITI	NANTUCKET	SUMATRA	

Across Asia

```
F P I U L J Y H Q F E S V R N N W G S D
O J A N M C G E S T Y Y O S C F N F F L
N P C H D J G Z M E N R C A Q P C D X Z
P X G S N O C C A E D I S A L A F G L Y
Z D R K R A N M W R N A T S I K I J A T
Z N D I E I T E M V U A L K A I F X S L
L N O V K N L S S D R D A G L S J I E Z
W Y A I N A I A I I S Z N H N T U P V C
E C B J Q O N A N N A F M A L A Y S I A
N Q S S I X R I R K E G O N L N B I D I
E K I E O A O T H K A M A E I I J K L L
K V N N B U B S H C U T K C B U A O A O
Q I G I Z N T R Q K S L A R R G P H M G
Z P A P A A Y H E I O I V A U T A C T N
P R P P N R V I K Z D R I M N T N T F O
M L O I A I H E U O A E E N E C H N A M
C O R L M B B A B U R J T A I N E M R A
Y P E I O Z I M B R S E N Y B P R O X E
J G V H U T A I W A N S A M A U Z J R U
V G C P F C Y P R U S V M L B J V L G U
```

SYRIA

TAIWAN

TAJIKISTAN

THAILAND

TURKMENISTAN

UKRAINE

UZBEKISTAN

VIETNAM

YEMEN

ARMENIA	INDONESIA	NORTH KOREA
AZERBAIJAN	JAPAN	OMAN
BAHRAIN	KAZAKHSTAN	PAKISTAN
BANGLADESH	LAOS	PHILIPPINES
BRUNEI	MALAYSIA	QATAR
BURMA	MALDIVES	SAUDI ARABIA
CAMBODIA	MONGOLIA	SINGAPORE
CHINA	MYANMAR	SOUTH KOREA
CYPRUS	NEPAL	SRI LANKA

Solution on page 161

South Pacific

AMAZING SUNSETS

BAMBOO

BEACHES

BORA BORA

COCONUT TREE

COLORFUL FLOWERS

COOK ISLANDS

CRYSTAL CLEAR
WATER

EASTER ISLAND

FIJI

FIRE DANCING

FRENCH POLYNESIA

FUN

GRASS SKIRTS

HULA DANCING

HUMIDITY

KALUA PIG

LEI

LUAU

MOOREA

PALM TREES

POI

RELAXATION

SAND

SCUBA DIVING

SEASHELLS

SHIPS

SINGING

SNORKELING

SOLOMON ISLANDS

SUNSHINE

SURF

TAHITIAN DANCING

TONGA

TROPICAL FRUIT

TYPHOON

UKULELE

VACATIONS

WARM WEATHER

```
I S C U B A D I V I N G W B E A C H E S
F R D S E A S H E L L S D I J I F U S G
X E E N H Y N O I T A X A L E R E L E I
S H S T A I F D N A L S I R E T S A E P
R T S O A L P B B S K T O N G A N D R A
I A T G S W S S O R T E C P S J O A T U
I E E N Y Y R I P E A H T U S R R N M L
J W S I O E C A K W P I R C O I K C L A
I M N C G A O Q E O E F O K L Z E I A K
A R U N R F C T L L O R P V O B L N P E
I A S A A I O Y J F C C I A M A I G M N
V W G D S R N P L L B L C C O M N N T I
V D N N S E U H M U S G A A N B G I D H
B Z I A S D T O O F A E L T I O V G N S
V A Z I K A T O O R N U F I S O F N C N
E X A T I N R N R O D T R O L Y A I I U
D N M I R C E L E L U K U N A P R S J S
S J A H T I E O A O U D I S N O A C A C
W D S A S N K X T C Y Y T I D I M U H K
M O E T W G A R O B A R O B S H W L D C
```

Rivers

```
E X J H N R F V I T I M D I H D W E D E
B X B M D N H F I G E A A F Z K X L C U
F W F O E R I O L O M N L X I R K R O E
R P A U B K G W L A N Y N D I K U C L E
F R S T X U A N C E U Y I E A O O I U G
N Q T H E G P K O Y N A H E S N N F M N
W P S O H R E B L D S Y C I I S F J B A
F M O R W N W I V A T N O R F R E V I R
E X M M Z Q V A K W E W O K E B L E A O
N J M I S K R Y Y R I O G R A N D E D G
R G E S N G N R W A J J P A R A G U A Y
Z U T S A A M A K Y J O S A T N N L N V
N N L I K K L D B E G T G R A I L D U T
H S N S E T N U K Y E L I D G U U Q B S
D M U S N Y N M T A O B R E V I R J E J
W Y B I T W M A M V U O R I S E A Z V B
H T A P E J R B H T J M U C H J L M N C
O S N P O T O M A C A M A Z O N S Q D S
Z R G I U A U R A P I D S X R Y S P Y M
D T I V T A Y U K O N F G N E Q K S O L
```

RIO GRANDE

RIVERBOAT

RIVERFRONT

SAINT LAWRENCE

SHORE

SNAKE

SOMME

SOURCE

STEAMBOAT

TENNESSEE

TRIBUTARY

UBANGI

URAL

VILYUY

VITIM

VOLGA

WATERWAY

YUKON

ALDAN

ALLUVIUM

AMAZON

AMU DARYA

AYEYARWADY

BANK

BED

COLUMBIA

DANUBE

ELBE

JORDAN

KAMA

KASAI

LOIRE

MACKENZIE

MISSISSIPPI

MOUTH

NIAGRA

NIGER

NILE

OLENYOK

ORANGE

ORINOCO

PARAGUAY

PATH

POTOMAC

RAPIDS

Lakes

```
L C F K U L U E W G N A B G P N Y T L W
Z H E O M H A O K E E C H O B E E R I E
I E U G U H F K Z Q G N I T G N U T G C
S L W R R M R S E R D O N G T I N G S K
U A O Q J E R B R V I F S A L Y R I Q B
P N L N O T A L A B O T V J J E Z U N A
E Q A S A Y N T S Q K S E H A L R M M L
R B I A V X C W S J L O T T N L Y F W K
I M W N I A L P M A H C B O A O G E Y H
O W A O T M T I D A L E O K K W Y W D A
R E L T O S R N T A A T N T R S G W K S
L R A L A B I U C R Q A L H U T B I A H
J U M I F N I N G Y H U K A T O Y R E U
U R I P R P O A G K X C E S K N G X S G
H W C O V D L L C H S I Z S A E P D D L
T W H A U R O K O A A I D G N B A L A A
T T I T I C A C A K R I N T U E A O E D
L X G T E R O N E I D A I Y M O L H D O
U X A I R O T C I V T N M R T I S C T G
F S N E R R O T H U O G C A R A L S E A
```

ARAL SEA

ARGENTINO

ATHABASKA

BALATON

BALKHASH

BANGWEULU

CHAMPLAIN

CHELAN

DEAD SEA

DONGTING

ERIE

GREAT BEAR

GREAT SALT LAKE

HAUROKO

HORNINDALSVATNET

HURON

KHANKA

KIVU

LADOGA

LAKE VOSTOK

MALAWI

MARACAIBO

MATANO

MEAD

MICHIGAN

MWERU

NYASA

OKEECHOBEE

ONEIDA

QUESNEL

SALSVATN

SAREZ

SUPERIOR

TAHOE

TANGANYIKA

TITICACA

TORRENS

TSING HAI

TUNG TING

TURKANA

URMIA

VICTORIA

YELLOWSTONE

Into Africa

```
V S A Z B H R L Z I D E Z I M B A B W E
Z D I Y S A D N A W R B T O N P L D J U
L A G E N E S E M L F O R T X I O J E Q
O S P N R E U H B M G A H W B E G I E I
F S C A D R K B I O J E K E Q N N B V B
H C A M O S A F A N I K R U B O A O L M
K V P I W M A L A W I I A I J X R U B A
H C E B N M Q M E I A T P N A Y A T J Z
G O V I Y T I C U O O T X H C A D I L O
A T E A A L H I N R N R A O A I S A P M
B E R S I C C E I B O E A S B B W S I E
O D D K S D N A L S I S O R O M A C U M
N I E E I U L I D E T E I A I A Z E X I
O V I T N G S L Z Q N D N S R G I N P O
O O C H U A M A D A G A S C A R L S B Q
R I O I T N N M D A W R D F H H A I L N
E R N O Z D I O N S V A R I A N N O W I
M E G P P A N S T T Z H H Z L C D N G L
A E O I O W E O A I N A Z N A T P Y G E
C A N A H G B O H T O S E L K F H P Z P
```

NAIRA

NAMIBIA

NILE

RWANDA

SAHARA DESERT

SAINT HELENA

SENEGAL

SIERRA LEONE

SOMALIA

SWAZILAND

TANZANIA

TOGO

TUNISIA

UGANDA

ZAMBIA

ZIMBABWE

ALGERIA	CONGO	IVORY COAST	
ANGOLA	COTE D IVOIRE	KALAHARI	
ASCENSION	DJIBOUTI	KENYA	
BENIN	EGYPT	KILIMANJARO	
BOTSWANA	EQUATORIAL GUINEA	LESOTHO	
BURKINA FASO	ETHIOPIA	LIBERIA	
CAMEROON	GABON	MADAGASCAR	
CAMOROS ISLANDS	GAMBIA	MALAWI	
CAPE VERDE	GHANA	MOZAMBIQUE	

Bali

ARTS

BADUNG

BANGLI

BATIK

BEACHES

BULELENG

CEREMONIES

CHEVROTAIN

CORAL REEFS

DANCING

DENPASAR

DURIAN

```
A H M B Y P A D A N G B A I L G N A B M
S F C S U W U U I P A N G O L I N S I M
U M R I I R R A R J E M B R A N A T M E
R Z N A I U T I A R T S K O B M O L O S
F A A A S O D R C E S E H C A E B R U A
I B N L R A A N M E T A L W O R K I N G
N V G V Y G P P I N T M C B V A G D T N
G A E R N D L N X H G E O G O L D M A A
X H I I C E O N E D U I R Y L D G R G R
C M S S K M A I Z D S T A R C A N E U A
P U E S E L A T K L O F L L A N E V N K
G S G R E N U C A N N S R E N C L L G I
R I E M U R O N A Z O Q E W O I E I N T
M C A L O T D D G Q D W E E T N L S I A
B G K N B A P D N K U V F J H G U W T B
C N S B Y B A L A I U E S E A R B X N L
M U N T J A C N U E B N I J T M I D I M
E D K B R N R H B C H O G O H O G O A P
P A N H T A A V U T S I R U O T H Q P G
P B E L G N U J D T L R S W G C F K K W
```

FOLK TALES	JEWELRY	MUSIC	SURFING
GAMELAN	JUNGLE	OGOH OGOH	TABANAN
GIANYAR	KARANGASEM	PADANGBAI	TEMPLE
GOLD	KLUNGKUNG	PAINTING	TOURIST
HEADDRESS	LOMBOK STRAIT	PANGOLIN	UBUD
HINDUISM	MACAQUE	RICE TERRACES	VOLCANO THAT
INDONESIAN	METALWORKING	SCULPTURE	
ISLAND	MOUNT AGUNG	SILVER	
JEMBRANA	MUNTJAC	SINGARAJA	

Chapter 6: SEASIDE FOOD

```
J L Q Z A D D I U Q S C A M P I N D I J
R N M G G R O U P E R W A P V W E E V A
Z B U N A E C C P S H E L L S G T V O H
H H S I F D R O W S T O G R A C S E M C
P J S H S W N H C I W D N A S M D I K R
R W E S L O I I V K T I L A P I A N Q E
A G L I Z H H J R E T S B O L D E R Y P
W N S F H C S A L T W A T E R J W D I P
N I I B A B U T T E R Z I E N O L A B A
S R X S C A S L G S G E E L P S U R A N
A R T H U R T R E A C H E R S S E N U S
S E E R S B A R S P I H C D N A H S I F
H H L I N E M Y O Q B A G Q D B U Y V F
I D L M B Q C A F U Z U A C G D R C B E
M E I P A U G R H I T Y R M R E C R E T
I K F O T E C U A I S U L B I P O M A K
U O Y S T E R S M W M H I A L I F N M K
G M I H E H Z Q S B D A C K L R U R V U
C S N D R D E L S V O A H E E T W U R L
P Y T O G F E C E H R S D I D S N K C V
```

Seafood

PERCH

PRAWNS

RED LOBSTER

SALTWATER

SANDWICH

SASHIMI

SCAMPI

SHELLS

SHRIMP

SMOKED HERRING

SNAPPER

SQUID

STRIPED BASS

SUSHI

SWORDFISH

TILAPIA

TROUT

TUNA

ABALONE	CHOWDER	FISHING	
ARTHUR TREACHERS	COCKTAIL SAUCE	GARLIC	
BAKE	CRAWDAD	GRILLED	
BARBEQUE	CRAYFISH	GROUPER	
BATTER	DEVEIN	GUMBO	
BREAD CRUMBS	EEL	MAHI MAHI	
BROILED	ESCARGOT	MUSSELS	
BUTTER	FILLET	NETS	
CALAMARI	FISH AND CHIPS	OYSTERS	

Solution on page 162

Junk Food

ADDICTIVE

CAKES

CALORIES

CANDY

CAVITIES

CHEESE PUFFS

CHOLESTEROL

COLA

CONVENIENCE

COOKIES

CORN CHIPS

CRAVINGS

```
D Y A S F Y S D S F F U P E S E E H C M
Y T N D U D Q W Q R Z V O E K U A D O I
K U W E D G O C E S E S T W I N K I E S
S U N R G I A N M E S R A E B Y M M U G
P O F H E M C R U F T A T G Z Y S T K N
N V J J E H H T A T U S O G R E A S E I
K E S P F A O D I Z S R C J I E U S N N
A R J R I A L S S V Z Z H T S O N O O E
D W I E D E E T H A E I I T R A K Z E T
O E H G C K S J H O L V P S E Y H M G T
S I J H A N T O C Y A T S B G V I A N A
O G C C C V E O L C Y P Y S R W I E I F
C H A O U M R I B D O L A C U N C R D D
O T L T Z N O T N P L K C Y B X R C D O
O A O Y C B L A I E F O T V M E A E U O
K A R H M K C L J P V S U N A S V C P F
I G I T J M L V K C A N S B H X I I F T
E P E Z T O U K J T T D O U G H N U T S
S I S V L J H Y B M T D K C T E G F W A
D K N T G D A W F P R E T Z E L S M C F
```

DIET

DONUTS

DOUGHNUTS

DRIVE THRU

EAT

FAST FOOD

FATTENING

FRENCH FRIES

FUDGE

GREASE

GUMMY BEARS

HAMBURGERS

ICE CREAM

JELLY BEANS

LOLLIPOPS

OILY

OVERWEIGHT

PIES

PIZZA

POTATO CHIPS

PRETZELS

PUDDING

SALTY

SNACK

SODA

SUGAR

SWEETS

TASTY

TWINKIES

UNHEALTHY

YUMMY

Cheese Please

```
J T F C B J B O I J S X Y Y F A R M E R
Y O S K Q I I K C A J R A D D E H C O D
X N B T A R Q N J R A W B F A X A Q T R
E G R U Y E R E N O L O V O R P U N T A
G R N O B K C W C Z N A R K R E D E I L
C I I N L C R E M E L E T I F T B U L O
X C I A O A O A D U O G O O B R O F L Z
B O D M C J W I O E L L R E I E G C A N
H T U O M Y L P I L E T D E I B E H M O
J T A R Q E E U L B G A T Y A M H A O G
L A C N W R Y F A E M R Y V O E C T O R
O M S A I E E N D R N F E Z A M N E K O
N B T S B T O P B E T S Z B U A A L A G
G O R A A N N U A G K A W E S C M Q J H
H T I D K O J O L R R O N I A L E X I S
O N N E G M Y E F E M S M X S J R C C M
R E G R U B M I L B T E M S A S I A G O
N M G O A T I L X E R L S K H C C T J G
L I T R A V A H R C O T T A G E A L O L
G P I S I K O K B O U R S I N L N Z G C
```

			MANCHEGO
			MAYTAG BLUE
			MONTEREY JACK
			MOZZARELLA
			MUENSTER
			NEUFCHATEL
			PARMESAN
			PIMENTO
			PLYMOUTH
			PROVOLONE
			RICOTTA
			ROMANO
ALEXIS	CHEDDARJACK	GOAT	ROQUEFORT
AMERICAN	COLBY	GORGONZOLA	SMOKED
ASADERO	COTIJA	GOUDA	STRING
ASIAGO	COTTAGE	GRUYERE	SWISS
BERGERE BLEUE	CROWLEY	HAVARTI	TELEME
BOURSIN	EDAM	JARLSBERG	TILLAMOOK
BRIE	FARMER	LIEDERKRANZ	
CAMEMBERT	FETA	LIMBURGER	
CAPRIOLE BANON	FONTINA	LONGHORN	

Fast Food

```
G A D O S E O T A M O T C C P O R V W A
C O U N T E R X W H T O O B I Y X I E D
L D A A B Y S A E A U U F L Z G T C G F
M U S T A R D A T O L F F N Z M L H M W
I S Z Y F C N O M A D S E S A U C E J T
L E G R O A S T B E E F E S A P Q F P G
K T X N C S T U A B S N H L Y F K L S S
S T U H I H T N E I N E V N O C X I Y A
H K O N N R X E H L D K E A A C C A N C
A S C C H E N M M P P C U D S T R A W S
K A T I O G U O O S U I D V B T C X D A
E I E R T I U T I E F H A E C U T T E L
S Y L S J S A O S N B C C R D F N B E A
O S I P E T D A D A O D O T I R R U B D
B U F U O E E A M U R E H I E K O C N U
M X H E D R H U E I X I U S I K N G I M
O V S V G M X C N R N R P I C K L E S M
C T I I U B P K B D B F V N F N B A T E
S L F R Q R S H A M B U R G E R B G R S
H O T D O G Y M U P E X X Z U G I T G Y
```

ADVERTISING

BOOTH

BREADSTICKS

BURRITO

CASH REGISTER

CHEESE

COFFEE

COKE

COLE SLAW

COMBOS

CONVENIENT

COUNTER

DOUGHNUT

DRINKS

DRIVE UP

EASY

FAT

FISH FILET

FRIED CHICKEN

GREASE

HAMBURGER

HOT DOG

KETCHUP

LETTUCE

MASHED POTATOES

MENU

MILKSHAKES

MUSTARD

NACHOS

NAPKINS

OIL

ONION RINGS

PICKLES

PIZZA

ROAST BEEF

SALAD

SAUCE

SESAME SEED BUN

SODA

STRAWS

TOMATOES

TRAYS

Solution on page 162

Fruits

```
S I V R E S Q L K Z K M U L B E R R Y O
X A Q Q O G P E A R L N O M M I S R E P
V B N K K X R M S W X Z Z T C F R O Y E
B R G Q G U I O X B Y A P I B E S E Z N
S E W E D Y E N O H F X Y O B O P F A U
L V R T U N O C O C I C Y N G U Z Y E R
K G M B O D E O E L G S A N O E A L A P
R O E M S C D X V L E R A L N P P S T Y
X G R T U N I B B N C M A I A P P A A R
S A V A U G Y R B B O T R P A B D C U R
O F L M N E R E P L N A T E E P M D Q E
B P O M E G R A N A T E N R T F C R M H
J Q G A H R E G C C T I R T N A R R U C
X K A L Y H B I E K P Y R R A M W U K O
W J N L I M E N I B B E C Q T N T Z I J
B W B O N P L U M E N I R E G N A T S T
T I E L Q G K S T R A W B E R R Y N M D
W Z R N I S C B Y R R E B E U L B K A G
H X R J K U U P D Y W E S L V O O T E B
D W Y W J E H T W M Z Y V V D W E W P H
```

PINEAPPLE

PLUM

POMEGRANATE

PRUNE

RASPBERRY

STRAWBERRY

TANGERINE

WATERMELON

APRICOT	CURRANT	LIME
BANANA	DATE	LOGANBERRY
BLACKBERRY	FIG	MANGO
BLUEBERRY	GRAPEFRUIT	MULBERRY
BOYSENBERRY	GUAVA	NECTARINE
CANTALOUPE	HONEYDEW	ORANGE
CHERRY	HUCKLEBERRY	PAPAYA
COCONUT	KUMQUAT	PEAR
CRANBERRY	LEMON	PERSIMMON

Refreshing Beverages

BUTTERMILK

CAPPUCCINO

CARBONATED

CHERRY

CIDER

COCA COLA

COFFEE

COKE

CREAM SODA

DR PEPPER

EGGNOG

ESPRESSO

FRESCA

GINGER ALE

GRAPE JUICE

GREEN TEA

HOT CHOCOLATE

ICED TEA

JOLT

KIWI

LEMONADE

LIMEADE

MOUNTAIN DEW

NECTAR

ORANGE JUICE

PEPSI

PUNCH

RC COLA

ROOT BEER

SEVEN UP

SHASTA

SLICE

SODA WATER

SOFT DRINK

SPARKLING

SPRITE

SQUIRT

SUGAR FREE

TAHITIAN TREAT

TOMATO JUICE

```
C E M M C I H H K L I M R E T T U B V R
R E E B T O O R E T A W A D O S V Q A W
M N N G N W G D R A D O S M A E R C L M
P D W J V E C I U J E P A R G L H B O V
Z E D A E M I L N E Z T C O K E C N C O
G T T I R W R W D G O A Z F R I I E C K
L A I A L T T A N J E S D R S C D C R H
O N M O L J N I U T N R Y H C E E I M M
S O O O I O L I N Y P E A U Q D R U K A
D B J O M K C E O E C S P L I T S J N U
L R T E R E E O P V T P C B E E Y E I E
P A L A I R S P H A A N E C T A R G R X
H C P M G E E L F C O C A C O L A N D A
H S B M V R T A E R T N A I T I H A T D
C S W E D N I A T N U O M H T C Q R F W
N Q N C P F I W I K K M H B O X T O O I
U U I O S S E R P S E E R F R A G U S T
P I P F P F Z E N Z Y F F R E S C A X V
N R V E Q G G O N G G E T I R P S L W C
Z T P K D C C A J I E C I L S V R H Z A
```

Solution on page 162

Nutty

```
V K L E V E V A C B U X M M L A L J Y W
U J F R E H I C K O R Y F O U E F J K E
D K T D A P Z G V G L A O P M N K A O D
H V I A B C I C K N M G Z A E E O I F Z
W W L V I A O N U O L A S I Z C L C A Y
U P I O C G Z R E G O E C Q L Q A Q D J
F Y P N B C N M N N S G G A K N N N O Q
A U O O G L D I A O U S X U D B U M O L
C Z N I L N S B V M Q T K L M A T T F Q
X O A E H Y U T C R O U E J M E M F K R
W E H S A C H T U J I N H E K S H I C O
S S P W K M A Y A N U T C E N U T L A A
T U N E N I P T U T L S Z I Y N N B N S
L K Y M D L U T S H C E E B L F Y E S T
U E P E A N U T K I U H Z W C L C R E E
O F K P O D O C A R P C F A C O O T I D
Y U L C Z Y I M E P U R D L H W L I I E
Y P O O H X C D L V R R Q N Y E O P P E
Z C B T Z B L Z M A T S T U R R C S R S
L R H H Q A R I I F R U I T X K V F O O
```

ACORN	COCONUT	KUKUI NUT	PECAN
ALDER	COLOCYNTH	LEGUME	PILI
ALMOND	DRUPE	MACADAMIAS	PINE NUT
BEECH	FILBERT	MAMONCILLO	PISTACHIO
BRAZIL NUT	FRUIT	MAYA NUT	PODOCARP
BUCKEYE	HAZELNUTS	MONGONGO	ROASTED
CANDLENUTS	HICKORY	OAK	SEED
CASHEW	IRVINGIA	OGBONO	SESAME
CHESTNUTS	KOLA NUT	PEANUT	SHELL
			SNACK FOOD
			SUNFLOWER
			WALNUT
			WINGNUT

On the Side

ANCHOVIES

APPLESAUCE

CAPER

CARROTS

CATSUP

CELERY

CHILI PEPPER

CHILI SAUCE

CHIVES

CHUTNEY

CINNAMON

CURRY

FENNEL

GARLIC POWDER

GINGER

HORSERADISH

MACARONI

MARGARINE

MAYONNAISE

MINT

MUSTARD

NUTMEG

OLIVES

ONION

OREGANO

PARSLEY

PEANUT BUTTER

PICKLE

PIMENTO

RELISH

SALAD DRESSING

SESAME OIL

SNACKS

SOY SAUCE

SPICE

SUGAR

TARTAR SAUCE

VEGGIES

VINEGAR

```
V M W L O K F I C V L Y L Q H Q A R J V
O V C U R R Y Z B R E L I S H P E R C G
W S F H N R S L A R A G U S P G L H P B
L F A O U K Q Q T O Q T G L N H I I Y J
Q E I L F T M M L U A W E I V V M E C V
X N O M A N N I C R P S G M E E L C Z Z
O N B S U D V E T L A W N S N S H I R J
V E C T H E D A Y U O H V T R I R P D C
K L M M S S R R C Z F K O A L A V S T T
D E F U I S I E E L L R P I S N A C K S
G Q A O A E Z D T S M K S G P N Y Y Z V
V O N U M S R W A T S A Q W U O R M S F
I R C N U A W O O R U I R D S Y A A O S
G E H S S M A P H C E B N G T A G C Y M
Q G O I T E P C E R J S T G A M E A S A
A A V M A O M I N T E L R U C R N R A M
R N I T R I R L Y W X P D O N C I O U X
U O E Z D L Y R E L E C A P H A V N C Q
W C S K F P B A A N J P I C K L E I E C
Y J V Q X H A G F C H I L I P E P P E R
```

Solution on page 162

Order Up

```
E R Q N W Y Z B S B B D P D M R K O V U
U P D U T E C U I S I N E I A H T C P V
I S T F G U E S I R E S D S T L T L B R
V I X L M S F B L C E T A H S L F O Z S
D U A O C T I O S N L P S L W E O V G N
D C N G M E N Y I U I W P O A T R A E O
H S X E R A K H W J G Y B E H D P T H R
Q S P P M K C Y H L H O N A P P B J I T
E A M R A L R W L H T O L C E L B A T A
K L E R A W R E V L I S Q T I L H P R P
R G G R E N N I D T N Y I T F C U A W N
E E D Y P I Z Z A N G Z A E H R G N F F
D E I E S J R V L R E L F G E T O E C E
R D B H L E R C U R I T I F E F P S A H
O U E S S E R T I A W H R F L W F E A C
V L X W S A G V N R Z E F A S T F O O D
O O L E Y P C A I M N U A M B I A N C E
R D R I N K S J N C B N U F E J R W N G
M C F O R K E O H T E N T R E E G K C L
W Z Q G U G E V Q C H Z Z F O B T J N X
```

AMBIANCE	CHINESE	FAST FOOD	JAPANESE
APPETIZER	COFFEE	FORK	KNIFE
BARTENDER	CUISINE	FRENCH	LIGHTING
BOOTH	DESSERT	GERMAN	LUNCH
BOWL	DINNER	GLASS	MENU
BUFFET	DISH	GRILL	ORDER
BUSBOY	DRINKS	HIGHCHAIR	PATRONS
CASHIER	ELEGANT	HOSTESS	PEPPER
CHEF	ENTREE	ITALIAN	PIZZA
			RESERVATION
			SALAD BAR
			SERVICE
			SILVERWARE
			STEAK
			TABLECLOTH
			THAI
			TIP
			WAITRESS

Solution on page 163

Boardwalk Cuisine

```
U M Q Q N E K C I H C O R N D O G S M N
R S A S R D Q I P O P C O R N T E A F U
R M S L A A E T F F R M I O K M F S U Z
M O O E E N S A F R I E D C L A M S N V
V O E Z T O G L P I Z Z A E E A W T N S
H T R T N M O I M J J J R L I D M W E E
U H O E A E D A L L R O F T T O T L L I
M I D R H L T N P E A N U T S S P E C R
H E E P P T O I K S D R D E W P F I A F
O S I P E I H C T M O D G K A R C E K H
M R R M L G A E O B V D E Y I E B N E C
S E F D E R D S O H R B D E C S M E A N
N G Q H C C L B Q A C N D R G H N Z E E
O R X Q O S A L T W A T E R T A F F Y R
W U J R S K M S E C W A O R C V S S S F
C B N J H J U W S I M S Q H Q K T U T Z
O M E S C C Y D N A C N O T T O C X A O
N A I O L S P K A E T S E S E E H C O S
E H I S G N I R N O I N O T L V A J L M
S K N S L E Z T E R P T F O S O F D F W
```

BEER

CANDY APPLES

CHEESESTEAK

CHICKEN

CORN DOG

COTTON CANDY

CRACKER JACK

CUSTARD

DELI

ELEPHANT EAR

FLOATS

FRENCH FRIES

FRIED CLAMS

FRIED OREOS

FRIED TWINKIE

FUDGE

FUNNEL CAKE

HAMBURGERS

HOT CHOCOLATE

HOTDOGS

ICE CREAM

ICED TEA

ITALIAN ICES

KETTLE CORN

LEMONADE

NACHOS

ONION RINGS

PEANUTS

PIZZA

POPCORN

PRETZELS

ROASTED CORN

SALTWATER TAFFY

SAUSAGE

SHISH KABOB

SMOOTHIES

SNOW CONES

SODA

SOFT PRETZELS

Solution on page 163

```
W Y Z Y A Q I O S G L A X K B H R A V R
Y Q L U F O P E N F A C E A O O Y J H Y
C Y F L K Z I F D A V O C A D O W K V T
T A U V O T A M O T J O Y O K J O R X F
T L F U M O H E Q Y N M E A T B A L L K
E D A R L O G B P C P A T T Y M E L T B
K Y O T Z G N P D O P Y L L E J N K P N
S C A O S B O T A L H O A G I E I G R R
Y E O A W L M L E D X N K I M D R O E G
M O L R S G L B R C N N D C R T A D B R
L A S B N S A S B U R A H A J S M T M M
D X C T A E S D Q T P I T A T R B O U R
F B B L E T D Q K S C S S B M U U H C L
E A A M U A E B U K U E E T T W S C U O
Q M L O V C K G E M I E C V O R O J C I
I D R A U B O N E E F B U R G E R O L L
N P F T F W M R Z V F P F W W V D T F W
S B T Y A E S E E H C D E L L I R G S R
Y E K R U T L L U H C L U B O L O G N A
L B S T V S S G V Q G P S V I K S Q X P
```

AVOCADO	CORNED BEEF	HOTDOG	OIL
BACON	CUCUMBER	JELLY	OPEN FACE
BLT	DAGWOOD	LETTUCE	PATTY MELT
BOLOGNA	EGG SALAD	LIVERWURST	PITA
BREAD	FALAFEL	MAYONNAISE	ROAST BEEF
BURGER	GRILLED CHEESE	MEATBALL	ROLL
CHICKEN	HAM	MEATLOAF	SALAMI
CLUB	HERO	MONTE CRISTO	SLOPPY JOE
COLD CUTS	HOAGIE	MUSTARD	SMOKED SALMON
			SPROUTS
			STEAK
			SUBMARINE
			TOMATO
			TURKEY
			VEGETABLES
			WRAP

Solution on page 163

Healthy Salads

AMBROSIA

AVOCADO

BOWL

CABBAGE

CAESAR

CHEESE

CHEF SALAD

CHINESE CHICKEN

CILANTRO

COBB

COLE SLAW

CROUTONS

CUCUMBER

DRESSING

ENDIVE

FRUIT

GELATIN

GREENS

ICEBERG

LEAF

LETTUCE

MACARONI

MAYONNAISE

OIL

PASTA

POTATO

RADICCHIO

RED ONION

ROMAINE

SALAD BAR

SHRIMP

SPINACH

TACO

THREE BEAN

TOMATO

TOSSED

TUNA FISH

VEGETABLE

VINAIGRETTE

VINEGAR

WALDORF

WATERCRESS

```
G R E E N S N O T U O R C N T I U R F E
Y M O H L S H N P R A C E C U T T E L V
P A S T A C U I T A I T A N W C V D T E
S U G R A G E N I V S G O T L H W O J B
Z Y H N R T A U P J O E W S F I F N N T
P E I S I L O H Z T R L V O S N A I Z H
W P C X I S E P E L B A T E G E V O Q B
S D Q C X F S A C W M T S M B S D N S R
W R C B Q G A E F O A I M E E E M A G M
A A S H K R L N R B O N E D I C A F I G
L D T I R E A I U D Y R A U N H Y L U T
D I H E K B D A Q T H L Y E O I O V E I
O C Q V R E B M N T A O L C R C N M J P
R C A I Y C A O U S P I O N A K N A I V
F H C D J I R R F P W L B R C E A G M R
W I O N A S G E T T E R G I A N I V A J
B O B E E Y H I S S S H R I M P S S H O
R E B M U C U C L S C A B B A G E F N W
I O D A C O V A L Z C N T O M A T O J V
M A K K F V W Y N E S E E H C D M G Q C
```

Solution on page 163

All-American Food

```
T M P U H C T E K W V P G F L C P F P I
P U A D A E R B N R O C O R N O N C O B
E O S E O J Y P P O L S Y I G L A K S U
I S T P R T S R E G R U B E S E E H C W
P G E A I C S M U S T A R D T S I C V S
T N T E T H E A Z Z I P D C E L P I J E
O I F K H O C C O V L E N H G A E W G F
P R T A N C S O I R V O R I G W L D R H
V N A H O O D A T I T Q O C U Q P N I R
C O T S Y L L N L A E O C K N S P A L O
A I E K V A T E A A T K P E N R A S L O
S N R L A T D A M I D O O N E E S B E T
S O T I R E V W E R N P P C K G T U D B
E S O M G C H I O M E O F D C R L L C E
R T T G J A O T M A Z T R O I U A C H E
O E S B J K T U R K E Y A A H B M V E R
L A B A K E D P O T A T O W C M X Y E I
E K A C T R O H S Y R R E B W A R T S B
W O X Y U Y G E D A N O M E L H M Q E S
L D I N E R S T U F F I N G Z F V R N J
```

APPLE PIE

BAKED POTATO

CASSEROLE

CHEESEBURGERS

CHICKEN NUGGETS

CHOCOLATE CAKE

CLUB SANDWICH

COKE

COLESLAW

CORN ON COB

CORNBREAD

DEVILED EGGS

DINERS

FRIED CHICKEN

GRAVY

GRILLED CHEESE

HAMBURGERS

HOT DOGS

ICE CREAM

KETCHUP

LEMONADE

MACARONI AND
CHEESE

MALTS

MEAT LOAF

MILKSHAKE

MUSTARD

ONION RINGS

PIZZA

POPCORN

POT PIE

POT ROAST

POTATO CHIPS

POTATO SALAD

RIBS

ROOT BEER

SLOPPY JOES

STEAK

STRAWBERRY
SHORTCAKE

STUFFING

TATER TOTS

TURKEY

WATERMELON

Cocktails on the Beach

```
N J K M B O U R B O N L D U P M A H R W
M U L L E D W I N E G A A M A F O Z U O
H V O D K A T R M N I N U R B D T C E K
E R N X U T D K E Q N R T R P X A E U L
Z S G M E E A K U I A I A T T R F J Q T
O O I R O H N I Q C N N C O E F A R I W
O L S R L J R I I I D R M Z O S D A L H
B D L U N I I A H Y T C A C A I A T B L
S F A A E U M T A S O S H M D C L I E H
U A N F B A S L O L N S D E D A O R G O
U S D M J H E A L H I O T L H N C A G P
G H I E I X G I L R C A O R C G A G N H
N I C A A N N I I I N N O M T O N R O Q
I O E N T S T M H O U B U D O C I A G A
L N D C R I I J B Q R Q D P C Z P M N E
K E T H H M A R U O S Y E K S I H W B D
R D E A O B A M Y L N A T T A H N A M Q
A Q A S H C S R I K E N A C I R R U H C
P D A E U E D C H A M P A G N E G U S Q
S P I R I T S W A L D O R F M U S C A T
```

BITTERS

BOOZE

BOURBON

BRANDY ALEXANDER

CARBONATED

CHAMPAGNE

CHASER

COGNAC

DAIQUIRI

EGGNOG

GIN AND TONIC

GRAND MARNIER

HIGHBALL

HURRICANE

IRISH COFFEE

JAMAICA RUM

KAHLUA

KIRSCH

LIQUEUR

LONG ISLAND
ICED TEA

MAI TAI

MANHATTAN

MARGARITA

MARTINI

MEAD

MIMOSA

MINT JULEP

MOJITO

MOONSHINE

MULLED WINE

MUSCAT

OLD FASHIONED

OUZO

PINA COLADA

PUNCH

ROB ROY

SAZERAC

SCOTCH

SPARKLING

SPIRITS

TEQUILA SUNRISE

TOM COLLINS

VODKA

WALDORF

WHISKEY SOUR

Solution on page 163

```
E L I M S J U P L Q E W H Q L R D A O D
Q Q J U H K F L O W E R S N H M S E O X
R H A S N A B D H S H T E S N U S C D P
R K E I N T E G N I C N A D W O L S T P
C Z S C H X W D T G O A M M S W T B T E
N B Y A U A P O L I N G E R I N G Q H R
C Z R T L E R O P F V I Y U E T Z G G F
K L L T S A V F Z T E R T M Y R N N C U
K H Z B I E D T U S R R E H J E I I W M
X D I V E V M A H O S G A V G Z G A H E
D E A N N I V E R S A R Y W A I I T Q D
E C C K I S S R N G T E S G R T L H N A
S A J A X N R G N U I N S U E E E G I N
S D F L L E O E A T O G E R N P V I L E
E E E X L P S J K U N A R M R P K L O R
R N L P M X E C Z I E P D I P A Z N I E
T T U D B E A R N N E M V A I V F O V S
O O L X N L Z E I I T A L I A N H O W E
C F M Q B A V W S F C H V T N Q X M E V
V G C B C E C U T Y J C E V O L L P L Y
```

Romantic Dinner

MOONLIGHT

MUSIC

PERFUME

PIANO

PRIVACY

ROSE

SALAD

SERENADE

SILVERWARE

SLOW DANCING

SMILE

SUNSET

TUXEDO

VIOLIN

WAITER

WALTZ

WINE

ANNIVERSARY

APPETIZER

BLACK TIE

CANDLES

CAVIAR

CHAMPAGNE

CONVERSATION

COUPLE

DECADENT

DESSERT

DRESSY

ENGAGEMENT

EVENING

EXPENSIVE

FANCY

FIREPLACE

FLOWERS

GAZING

GIFTS

GREAT FOOD

INTIMATE

ITALIAN

KISS

LIGHTING

LINGERING

LOVE

MENU

Solution on page 163

Picnics

ANTS

BARBECUE

BASKET

BLANKET

BREAD

BRIQUETTES

CAKE

CHARBROIL

CHARCOAL

COLAS

COOLER

CUPS

DATE

EGGS

FAMILY

FIRE

FOIL

FOOD

GAMES

GRASS

GRILL

HAMBURGERS

HIBACHI

HOTDOG

KIDS

MARSHMALLOWS

MATCHES

MEAT

NAPKINS

OLIVES

OUTDOOR

PICNIC

PLAYGROUND

RECREATION

ROAST

ROTISSERIE

SALT

SAUCE

SEASONING

SHELTER

SOFTBALL

STEAKS

THERMOS

VEGETABLES

```
K S V X F P Y T C D A Y X G S K P E G T
M P C D L M P U L A S D M G R V G E A M
L S O F T B A L L U K K G H O I A E A S
X W P O B U F S I S R E G R U B M A H E
V O S R B A R B E C U E X O D V E Q E S
P L T Q B S S T G N I N O S A E S I F O
K L E C V L T K R R I L T J T G R H H M
I A A E H E A O E A I F I X E E S C A U
D M K Y U A H N C T E L E O S T S A Y U
S H S Q G C R I K U K F L S R A O B L H
D S I C H R E C R E A T I O N B M I P T
S R A B I B O O O M T T C F W L R H T M
B A K R L N O U I A O H O H T E E A N A
E M U H G D C L N R L I O F T S H I H T
Q C K C T A Y I A D L S L L O S T N A C
B T C U E E F F P W R U E A G O D T O H
Q A O R J R I F K P F H R V Y E D H F E
G A C K H B Y B I A S S G M I S C U P S
J N R N M O X F N R V D I S A L O C S K
K M S Z Z Z T F S C E P S Z G R O A S T
```

Solution on page 163

Sweet Treats

```
N O B N O B S U N D A E E F F O T V N E
A E D H A R D C A N D Y T X G P M R S G
E K A C E G N O P S F U Q M S A A M P D
B A E T L L E D U R T S U A E D C P U U
Y C R O P O M W U T C L L R L O A C D F
L E B C P E M I I U P T C S D S R A D Y
L S T S A Q L F S R W E H H O H O R I U
E E R R D R R T A A C T O M O O O A N J
J E O E E U A G T I N I C A D R N M G U
T H H T I R U E I I P X O L R E S E J J
X C S T D S R M M M R T L L E H J L A U
E E T U N T T R U G A B A O K O D O Y B
T I D B A R E G L G E X T W C U W L D E
R M P F C P E I U V G H E U I N R L N N
E Q F B P L C O T T O N C A N D Y I A I
S Y O E B O N B S E S S I K S A U P C L
S P P B R L O Z E N G E C W L O E O K A
E X U I C A G I N G E R B R E A D P C R
D B C O O K I E S T V C O U G H D R O P
S E K A C P U C N R O C Y D N A C P R R
```

MARSHMALLOW

NOUGAT

PEANUT BRITTLE

PEPPERMINT

PIE

PRALINE

PUDDING

ROCK CANDY

SALTWATER TAFFY

SHORTBREAD

SNICKERDOODLE

SODA

SPONGE CAKE

STRUDEL

SUGARPLUM

SUNDAE

TOFFEE

TUTTI FRUITTI

BONBON

BUBBLE GUM

BUTTERSCOTCH

CANDIED APPLE

CANDY CORN

CARAMEL

CHEESECAKE

CHEWING GUM

CHOCOLATE

COOKIES

COTTON CANDY

COUGH DROP

CUPCAKE

CUSTARD

DESSERT

FUDGE

GINGERBREAD

HARD CANDY

HOREHOUND

ICE CREAM

JELLY BEAN

JUJUBE

KISSES

LICORICE

LOLLIPOP

LOZENGE

MACAROONS

Frankie Avalon

A PERFECT LOVE

ACTOR

ALL OF EVERYTHING

ANNETTE FUNICELLO

BACK TO THE BEACH

BIKINI BEACH

BOBBY RYDELL

CIRCLE STAR THEATER

COSMETICS

CUPID

DEDE DINAH

FILM

GREASE

HANDSOME

HEALTH

HITS

HSN

KATHRYN DIEBEL

MARKETING

MARRIED

```
I U N C L C E M O S D N A H M F G H S G
U Y F V E N U S U R F I N G N I N N A T
E S A E R G H S B O S E R T T U I A Y H
U I Y M X E T R U M P E T W O F O O L S
Q N R T I N I K I B N O I T A R E P O U
I G A L R I G E L T T I L T A H W R L P
T E P E B A C K T O T H E B E A C H L P
S R E O Q P P K A T H R Y N D I E B E L
Y W R E T A E H T R A T S E L C R I C E
M E F H F S U C C E S S F U L U Y M I M
A Z E C P A J A M A P A R T Y P L W N E
R L C A L L O F E V E R Y T H I N G U N
K E T E E N I D O L E B D R F D G N F T
E G L B M T R U E T R U E L O V E U E S
T N O I B O B B Y R Y D E L L T E N T H
I A V N S H S C I T E M S O C O C I T E
N N E I T O G E T H E R N E S S H A E A
G E U K N O I T C N U J O D E X U T N L
C E N I M E R A U O Y O X T S E N M N T
B T C B O M A R R I E D E D E D I N A H
```

MUSCLE BEACH

PARTY

MYSTIQUE

OPERATION BIKINI

PAJAMA PARTY

SINGER

SONIC

SUCCESSFUL

SUPPLEMENTS

SURFING

TANNING

TEEN ANGEL

TEEN IDOL

TOGETHERNESS

TRUE TRUE LOVE

TRUMPET

TUXEDO JUNCTION

TWO FOOLS

VENUS

WHAT LITTLE GIRL

YOU ARE MINE

Solution on page 164

```
B A N N E B A X T E R R A M A L Y D E H
E W V S I S S Y S P A C E K A R A W L W
T O R W M F R L E G E E N A D A V I S J
T B E E R R E G N I W A R B E D T S L U
E A T R E L H Y Y N O T A E K E N A I D
D R S D N S C C W O R R A F A I M Y Z Y
A A O N I O E F S R T Y L E E A U E A G
V L F A C F Y W P E L N G V M N M L M A
I C E E O V A G I H A A E P M N A L I R
S V I I L H W O D T P M L E A E R E N L
O I D L E C A L O E H R B E T B Y N E A
P V O U K L N D N Z T E A R H A P B L N
H I J J I E U I N I E M R T O N I U L D
I E C M D W D E A L N L G S M C C R I T
A N Q E M L E H R R Y E Y L P R K S K S
L L A G A E Y A E A W H T Y S O F T U E
O E I R N U A W E H G T T R O F O Y H W
R I E Y O Q F N D C Y E E E N T R N N E
E G N A L A C I S S E J B M B Z D J H A
N H L N A R E D Y R A N O N I W D X T M
```

Movie Actresses

MERYL STREEP

MIA FARROW

NICOLE KIDMAN

RAQUEL WELCH

REESE WITHERSPOON

SISSY SPACEK

SOPHIA LOREN

VIVIEN LEIGH

WINONA RYDER

ANNE BANCROFT

ANNE BAXTER

BETTE DAVIS

BETTY GRABLE

CHARLIZE THERON

CHER

CLARA BOW

DEBRA WINGER

DIANE KEATON

DONNA REED

ELLEN BURSTYN

EMMA THOMPSON

ETHEL MERMAN

FAYE DUNAWAY

GEENA DAVIS

GERALDINE PAGE

GOLDIE HAWN

GWYNETH PALTROW

HEDY LAMARR

JESSICA LANGE

JODIE FOSTER

JUDY GARLAND

JULIE ANDREWS

LIZA MINELLI

MAE WEST

MARY PICKFORD

MEG RYAN

Solution on page 164

Rock the
Beach

AEROSMITH

AMPLIFIER

ARETHA FRANKLIN

BACKBEAT

BASS

BEACH BOYS

BEE GEES

BOB MARLEY

BON JOVI

BRITISH INVASION

BRUCE SPRINGSTEEN

BYRDS

CHUCK BERRY

CONCERT

DAVID BOWIE

DRUMS

ELECTRIC

ELTON JOHN

ERIC CLAPTON

FRANK ZAPPA

HEAVY METAL

```
H D R U M S B Q J O H N L E N N O N Q D
H A J O N A R E T H A F R A N K L I N Y
S V I A L O I O H E A V Y M E T A L F O
A I W N N L T I N A T U R N E R J E D L
C D M W O I I P B F R A N K Z A P P A F
Y B S O S S N A E R O S M I T H P H K
N O D R N D H J G L E O H W E H T E W N
N W R B I A I R O S C G Q U E E N Z S I
H I Y S B E N E C P T C E C H G Y D I P
O E B E O H V D L O L O I E J R R E W S
J A O M R G A N G E N I N R S A R L E Y
N M B A Y N S O X A C C N E E T E S L O
O P M J E I I W F S R T E V S E B I E B
T L A L K K O E X P S F R R Q F K N E H
L I R Y O L N I W F B A U I T U C G L C
E F L R M A I V O J N O B N C L U E Y A
G I E I S T H E E A G L E S K D H R R E
A E Y C N E E T S G N I R P S E C U R B
T R U J A C K S O N F I V E F A L C E I
S B A C K B E A T R A W E T S D O R J H
```

CHUCK BERRY

CONCERT

DAVID BOWIE

DRUMS

ELECTRIC

ELTON JOHN

ERIC CLAPTON

FRANK ZAPPA

HEAVY METAL

JACKSON FIVE

JAMES BROWN

JANIS JOPLIN

JERRY LEE LEWIS

JOHN LENNON

JOHNNY CASH

LED ZEPPELIN

LYRIC

PINK FLOYD

QUEEN

ROD STEWART

ROLLING STONES

SIMON AND
GARFUNKEL

SINGER

SMOKEY ROBINSON

STAGE

STEVIE WONDER

TALKING HEADS

THE EAGLES

THE GRATEFUL DEAD

THE WHO

TINA TURNER

Movie Actors

```
G E N E K E L L Y D N A C N H O J N P J
E R O Y R O G E R S F L E E M A R V I N
N E L L A Y D O O W P A U L H O G A N A
E D A N A C K R O Y D S C K E I U J D E
A B I N O F T J L P P E D Y N N H O J D
U U T Y T T D R O F N O S I R R A H E S
T T B L Y Z G I O E T G F P Y O R N N E
R T R F E A M N R B H A V Y F T P C I M
Y O O L S L E V I E I C W X O P O U A A
P N C O U P L N N H N N E I N I M S C J
J S K R B A G A E A S N W M D R A A L O
O B H R Y C I T D S M A Y I A F R C E H
H V U E R I B C T N A K W R L N X K A N
N P D O A N S A R O O H C L B L O P H C
W Q S Y G O O U E A M F C A E L I D C L
A B O M C Q N T B H G H R Y H Z U A I E
Y Y N P X I M M O T X Y A E V E N Y M E
N O E L B A G K R A L C D N T E N E W S
E F J B E J A M E S C A A N K E H E D E
T M T X Y S N I K R A N A L A S P C G T
```

PAUL HOGAN

PETER FONDA

RED BUTTONS

RIP TORN

ROBERT DE NIRO

ROBIN WILLIAMS

ROCK HUDSON

ROY ROGERS

TOM HANKS

TOM MIX

WOODY ALLEN

YUL BRYNNER

AL PACINO	ERROL FLYNN	JAMES DEAN
ALAN ARKIN	GARY BUSEY	JOHN CANDY
ANDY GARCIA	GENE AUTRY	JOHN CLEESE
BING CROSBY	GENE HACKMAN	JOHN CUSACK
CHEVY CHASE	GENE KELLY	JOHN WAYNE
CLARK GABLE	HARPO MARX	JOHNNY DEPP
DAN ACKROYD	HARRISON FORD	LEE MARVIN
DENZEL WASHINGTON	HENRY FONDA	MEL GIBSON
DON AMECHE	JAMES CAAN	MICHAEL CAINE

Solution on page 164

Gidget

ADOLESCENCE

BAREFOOT

BATHING SUITS

BEACH CAMPFIRES

BIKINIS

BLOND

BOYS

CONVERTIBLE CAR

CRUSHES

CUTE

FAMILY

FUNNY

GIRLFRIEND

HUMOR

INNOCENCE

KAREN VALENTINE

LOVE

MOONDOGGIE

MOVIE

OCEAN

PARTY

PONYTAIL

ROMANCE

SALLY FIELD

SANDRA DEE

SINGING

SUMMER

SUNGLASSES

SURF WAX

SURFBOARD

SURFING

SWEET

SWIMMING

TEENAGERS

WAVES

YOUNG ADULT

```
V O B T G I H X M G K F L O M E E I Z Y
X J A Z E X Q G O G U O T P L V S N G Q
X H T E C E U K A T H D R O M U H N N S
R G H M O O N D O G G I E A O S I A T I
E N I T N E L A V N E R A K E F E E Z N
M I N U V G N I G N I S V R R C E J B I
M M G P E N O Y Q E N O I U O W D R H K
U M S Q R C T Z I T R F S V S U A W A I
S I U G T R G V V E P S E H S U R C E B
E W I I I O O K P M D N T B E E D C P S
V S T R B M L O A D O L E S C E N C E E
A N S L L A L C C M U D E T K E A M D S
W Y W F E N H I U D M P R I C N S M U S
X Z T R C C P I A T G P U O F U L R Y A
G N J I A E I G W T E Z N U R Y F M L L
U Z N E R S N X B X Y N N F D B L A I G
C Q B N F U L E R O I N W L O V E L M N
Z E X D O N W K K E Y A O A I M N A A U
G J M Y T R A P M M X S R P W N V Q F S
Z F D V O J B B L O N D K H J E J I V S
```

Solution on page 164

The Beach Boys

```
V E V D A V I D M A R K S U G U K E A Z
Q S P Z C Z F E B N R G U F G K S B F P
S E D A N C I N G J P C X J D S V E S E
U I Q D E B M N C A R L W I L S O N L U
R D N X S B R I A N W I L S O N O I H U
F L X G N L F S Z Y N B P C S I M D B D
I O V N I C R W Y N H H E O T S R R W R
N U E O L N N I Y F O A S A P A O A Z U
G O H T P N G L G T N C R E C T C J U M
B M T S A F H S R A Y B T M H H K L T S
B I U N H M U O T R I S A E O E E A C U
P K O H C U D N I V O N R L B N L S U M
Z E Y O E S M F D U I S R P B H Y J W M
O L T J I I C O N C E R T O M O K O K E
E O R E D C O D D R A A T A F Y K C I R
P V A C N G S T R I H S N A I I A W A H
Z E P U O C E C U E D E L T T I L I I H
X K N R L T G W N T C V F G U I T A R S
O D Q B B C N R V I N A U J G H B U C Y
S U Y T T A B M I G R W J L G Y E P A M
```

POP

RICKY FATAAR

ROCK

SINGING

SMILE

SUMMER

SURFING

TAN

WAVES

YOUTH

AL JARDINE

BEACHES

BLONDIE CHAPLIN

BRIAN WILSON

BROTHERS

BRUCE JOHNSTON

CALIFORNIA GIRLS

CARL WILSON

CONCERT

DANCING

DAVID MARKS

DENNIS WILSON

DRUMS

FUN

GOOD VIBRATIONS

GUITARS

HARMONY

HAWAIIAN SHIRTS

HOT RODS

KOKOMO

LITTLE DEUCE COUPE

MIKE LOVE

MUSIC

OCEAN

OLDIES

PARTY

PET SOUNDS

Solution on page 164

Gilligan's Island

ADVENTURES

ALAN HALE JR

BOB DENVER

CASTAWAYS

CBS

COLORIZED

COMIC

DAWN WELLS

EPISODES

ESCAPE

FIRST MATE

GINGER GRANT

HAWAII

INEPTITUDE

JIM BACKUS

JONAS GRUMBY

LOVEY HOWELL

MARY ANN

MILLIONAIRE

MOVIE STAR

NATALIE SCHAFER

PACIFIC OCEAN

PASSENGERS

PREDICAMENT

ROY HINKLEY

RUNNING GAGS

RUSSELL JOHNSON

SEASONS

SHIPWRECK

SITCOM

SS MINNOW

STORM

SURVIVE

SYNDICATION

TELEVISION

THE PROFESSOR

THE SKIPPER

THREE HOUR TOUR

THURSTON HOWELL

TINA LOUISE

TROPICAL

UNCHARTED

```
T N O I S I V E L E T A M T S R I F L H
U N C H A R T E D E Z I R O L O C A T S
P T H U R S T O N H O W E L L T A U E E
X G I N G E R G R A N T V I E I T V R D
Y G Z Z C E F M A R Y A N N W N N J I O
T K F S Y A W A T S A C R O N A E E A S
R E P P I K S E H T V A W S W L M P N I
B O B D E N V E R C T V O N A O A S O P
A D V E N T U R E S S I N H D U C G I E
L O V E Y H O W E L L E N O J I I A L P
V K C E R W P I H S W A I J O S D G L A
H A W A I I V J O G L M M L N E E G I S
L A C I P O R T U A T X S L A S R N M S
S D C O M I C J R U Z C S E S T P I E E
E S Y N D I C A T I O N B S G O A N V N
A P A C I F I C O C E A N S R R R N I G
S I N E P T I T U D E P J U U M M U V E
O R O S S E F O R P E H T R M F G R R R
N E P A C S E O F T D J I M B A C K U S
S I T C O M I Y E L K N I H Y O R K S Y
```

```
D E S T U N T C O O R D I N A T O R S S
X M A K E U P E R M I T S C S M E O A L
G H B L O C K B U S T E R P L G C T R N
N F P L W P O F T Y L A E Q A O C A T Y
I A L W A M A R D E W C G N R I S R X T
G N R O B S I N C K I O A F T C R E E R
D S L L O B R T Y A C M N N D R E P U A
O I E Y U R R A L R N P A G E O L O S P
L K G T T I R E E O A U M A P T I M T Q
C R I I C I F U I H R T T F A C A O O X
N O U I T F C T N O E E N F R O R O R G
N O A H E A C I R N K R E E T D T B Y N
I N I C C U L R L C E G M R M O U H B I
M V T T D O O I I B B R P S E U S E O T
Y S N O C H S T M I U A I D N B C R A T
S A R E M A C T Z A L P U R T L I O R E
T P P L A C I S U M G H Q A H E T I D S
E V S G N I T E E M T I E W B S I N R R
R E V I E W S G C T E C N A M O R E S U
Y A L H Y T I R U C E S M G C R C S T N
```

ACTION

ART DEPARTMENT

AWARDS

BLOCKBUSTER

BOMB

BOOM OPERATOR

CAMERAS

CLOSE UP

COMPUTER GRAPHICS

COSTUMES

CRITICS

DIGITAL IMAGING

DISTRIBUTION

DOCTOR

DOCUMENTARY

DOUBLES

DRAMA

ELECTRICIAN

EQUIPMENT MANAGER

EXTRAS

FANS

FLOOR RUNNER

GAFFERS

HEROINES

HORROR

LODGING

MAKEUP

MEETINGS

MUSICAL

MYSTERY

NURSE

PARTY

PERMITS

PRODUCTION MANAGER

PUBLICITY

REHEARSAL

REVIEWS

ROMANCE

SECURITY

SETTING

SPECIAL EFFECTS

STORYBOARD

STUNT COORDINATOR

TICKET

TRAILERS

Baywatch

ATTRACTIVE

BABES

BEAUTY

BIKINIS

BLONDES

BOATS

CALIFORNIA

CARMEN ELECTRA

COAST GUARD

CROWDS

DANGER

DAVID CHARVET

```
B S O L S S L R I G J D G H O C K X S I
I R A S R E V R E S E R P E F I L K D S
K C R O W D S W F C D R A M A D X Y E A
I K E F S N Y T F S N D M T C Q N S B V
N A H S L O H T E E L B E N I M S A Y E
I H I V P L G V E F D V L I W A B C S F
S S Q N Y B A N T F R R A A L E A E F W
O W D T R W W I I A A O A G S R Y O H K
H N I R Q O W R H N M S N U T T H I I H
R O O M O O F C F L N U D C G L S O H G
S I T I M W D I D O S U E P E T O K R S
T S S E T I N E L S R L R S L C S O T O
L I N W V O N I B A E O S E E M M A R S
S V Z A I N M G N N C A O A F A O Q O K
U E D A A M Y W E G H F N Y N B Y N R C
R L A T C T M M O E V I T C A R T T A B
F E N I U D R E A L I F E G U A R D S C
I T G A I A C P R E S U R F B O A R D V
N E E R C S N U S S E L C S U M P J V G
G B R E T A W A T V N G M K C X J G T H
```

DRAMA

DROWNING

FEET

GIRLS

HASSELHOFF

HOT

LIFE PRESERVERS

LIFEGUARDS

LOS ANGELES

MUSCLES

OCEAN

PAMELA ANDERSON

PARTY

ROMANCE

RUNNING

SAFETY

SAND

SAVE

SLOW MOTION

SUNGLASSES

SUNSCREEN

SURFBOARD

SURFING

SWIMMERS

SWIMMING

TANNED

TELEVISION

WATER

WAVES

WHISTLE

WOMEN

YASMINE BLEETH

Solution on page 165

```
Q S A G N I T A D R Y D E R S M I T H Y
L N L E C Z V O C H I L L W I L L S O E
C E I O V D C P S E X U A L I T Y U E C
C I S R H M O R J J M I D W E S T E R N
N L A G A C M E M I K G R H R H S G U A
O S B E S N I G E V M B E A X I D F T M
S E S H U O N N A I S H D N C B Y S N O
P D U A R V G A A D N O U N D V P P E R
M A O M F E O N A R L A A T E E I R V V
O K U I B L F C A E A R L T T H R I D X
H A C L O V A Y S D F B T E S O D N A H
T S S T A Z G C F E N E R N M C N G D B
V D I O R P E T I X M A O A A E A B I D
T T M N D N R N A I K I F O B A S R R R
T D O D T B N E M U T N H A C N C E O P
I Q R R V O E I N A E G E L L O C A L Z
R C P I C T E A L T A X O E I O M K F B
R A H X N U O E N O I T A C A V L E T J
E J O F X J R T R A H S E R O L O D D H
M F C B F R A N K G O R S H I N E E T Y
```

Where the Boys Are

RELATIONSHIP

ROMANCE

RYDER SMITH

SAND

SEXUALITY

SPRING BREAK

SURFBOARD

TEEN

TV THOMPSON

VACATION

YOUTH

YVETTE MIMIEUX

ADOLESCENT

ADVENTURE

BARBARA NICHOLS

BASIL

CHILL WILLS

COLLEGE

COMEDY

COMING OF AGE

CONNIE FRANCIS

DATING

DOLORES HART

FLORIDA

FORT LAUDERDALE

FRANK GORSHIN

GENDER

GEORGE HAMILTON

JIM HUTTON

LOLA FANDANGO

MELANIE

MERRITT

MIDWESTERN

NEIL SEDAKA

NOVEL

OCEAN

PAULA PRENTISS

PREGNANCY

PROMISCUOUS

Solution on page 165

Annette Funicello

ACTRESS

ANITA CABRILLO

BEACH MOVIES

BEAUTY

BIKINI

BOUFFANT

CALIFORNIA

CHILD STAR

DANCE

FAMOUS

FRANKIE AVALON

GLEN HOLT

ICON

JACK GILARDI

MICKEY MOUSE CLUB

MOUSEKETEER

MULTIPLE SCLEROSIS

PAJAMA PARTY

PEANUT BUTTER

PINEAPPLE PRINCESS

SAND

SINGER

SKIPPY

SONGS

SURFBOARD

SURFING

SWEETHEART

SWIMSUIT

TALL PAUL

TEEN IDOL

TWIST

UTICA

WALT DISNEY

WAVES

```
P M R A T S D L I H C K S P Q D H C C U
E Z U A N N W M U L Y I P D F U S P C A
X T A L S I T I E A N E B W R F A I I J
Y O B A T S T C M G P E N Q D J S N J T
Z P X P V I E A E S A L D S A S R E B J
M M P B S C P R C U U A L M I O B A O J
F O L I D O R L T A N I A A F D E P U C
F F U I K N P Y E C B P T I T P T P F J
M E R S Y S A E E S A R L V B A B L F I
Q M J A E J U S A R C A I U Y E H E A M
P W E A N K I O T N C L V L A H X P N W
P D M I C K E Y M O U S E C L U B R T B
O R I T R K I T M A H T H R E O H I I D
T A V L E U G E E T F M B U O I Z N J M
Z O S O Z F T I A E O Q Z U L S I C D S
O B E H L R X W L V R W S O T K I E Z G
G F V N E A H E I A A C A C I T U S D N
T R A E H T E E W S R L F B U F E S J O
E U W L J V S A Z S T D O G N I F R U S
I S F G F K L A P L O D I N E E T L Z K
```

Solution on page 165

```
H W P E A K L S R O P E S W C P G K F N
B U T S T A O B R Y L P S P H U S N H P
Q C G V S E M A O F O J H Q U I N D F S
Y J Y E S A G S I D S R E M M I W S I R
N E T L S X M R E D I E H C S Y O R S X
Z I N P U S C I A N N E K L G I T B H R
B V I O F J M L T L I S S C D E L P I W
H O U E Y R F A A Y A A O U O Q L Z N N
T M Q P E O V O I S I A T F C X A G G J
U R L G R R T D H L S S F P E O M R R N
O M N T D R D C N T L I L E A T S E E W
M A H Q D O Y B L A R I C A N C D A B F
D A B A R H G I S E L U W I N N Q T L M
C H E I A E N R H T E G O N I D T W E L
F K R R H E E S Y S J W N F H E H H I K
G Q E T C V I C T I M S H E R O U I P I
D J S A I S F U X U L S D R W R J T S T
H L C N R N A M E C I L O P T E S E Y N
H R U K C R A E F F P R J Y C I N A P X
O V E X Y W Q F J M O B I T Q Z B D Y X
```

ORCA

PANIC

PEOPLE

POLICEMAN

QUINT

RESCUE

RICHARD DREYFUSS

RIFLE

ROPES

ROY SCHEIDER

SCREAM

SHERIFF

SMALL TOWN

SPIELBERG

SWIMMERS

TERROR

UNIVERSAL STUDIOS

VICTIMS

AIR TANK	COASTLINE	HUGE
AMITY ISLAND	DANGER	HURT
BAY	ESTUARY	JOHN WILLIAMS
BITES	FEAR	LARGE
BOATS	FISH FINDER	LEG
BODIES	FISHING	MOUTH
CAPTAIN	FOURTH OF JULY	MOVIE
CHUM	GREAT WHITE	NEW ENGLAND
CLASSIC	HORROR	OCEAN

Solution on page 165

TV Actors

```
H X N O S N A D D E T O M S E L L E C K
Y E O F Q J I M N A B O R S N A L S A L
B P N F E N A M G A H Y R R A L A S N A
X O T R J S T S O M N O D M M A D O D F
I H B I Y L S D O I J G M V G N N R Y R
B S S N M W E P Y N J W V V U A A G G E
L I W Q E A I A A J A C W Y L L R L R T
L B X F N W L N H R C L O V K D Y E I E
I Y S E E R H L K C K M E D K A N A F P
B E C D E E E A E L I E C X C T O H F T
I O O D R T X P R N E M R N A D T C I I
L J T I G T U I D T G R X H J N I I T M
L A T E E I P R Q X L R S L X H D M H C
C M B A N R A C L E E M A J O R S E W O
O I A L R N R E N G A W T R E B O R R N
S E K B O H V I O I S T T O N K N O D W
B F U E L O M B L B O B D E N V E R H A
Y A L R N J D L E F N I E S Y R R E J Y
U R A T W W I H C S R I H D D U J A Y G
W R T S E W M A D A T E D K N I G H T G
```

ADAM WEST

ALAN ALDA

ANDY GRIFFITH

BILL BIXBY

BILL COSBY

BOB DENVER

BOB NEWHART

DON KNOTTS

DON MOST

EDDIE ALBERT

FESS PARKER

HENRY WINKLER

JACK KLUGMAN

JACKIE GLEASON

JAMIE FARR

JASON ALEXANDER

JERRY SEINFELD

JIM NABORS

JOEY BISHOP

JOHN RITTER

JUDD HIRSCH

LARRY HAGMAN

LEE MAJORS

LEONARD NIMOY

LORNE GREENE

MICHAEL GROSS

MICHAEL J FOX

PETER FALK

ROBERT WAGNER

SCOTT BAKULA

TED DANSON

TED KNIGHT

TIM ALLEN

TIM CONWAY

TOM SELLECK

TONY RANDALL

WILLIAM SHATNER

```
V V G E B A D N Q H D D P W J T X U J K
B R E H S U K H S K C A N S E A L I T M
G I E T O M M Y K I R K I D P A L I E V
E N G G L E I V O M E N D M C D U L O W
S L A L A X I T W L I Y L I A S C L F O
R U G G U N Z R X S B I S U M Y L F O D
X D L A N N E T T E F U N I C E L L O I
B E O B E S K E A S M T W R Y E N R T W
H E D N T N R R T G W S O B E O O M P H
L N A L R H E R A E E T A G T T I M R C
R G I C U I A T N L O L L A H O S M I I
I N P L H N C D T M L E E Y G B A K N R
G I K O G P Y K R O G K L O V E V W T R
E L H E H S A O L R R A G N I G N I S J
M H C S H S F R O E M F M A R T I A N S
U T P O O I S E T O S B E N I C N A R F
F R U P N C G S U Y R H A I R S T Y L E
R A V U L N U R E B O M B S H E L L J U
E E K Q A B I M K R B V G N I C N A D Z
P N Z L F K L E W Y D N A C Y U U M B
```

LOVE

MARTIAN

MOTORCYCLE

MOVIE

MUSICAL

PERFUME GIRL

RICH WIDOW

SINGING

SNACKS

SOCUM

STRANGE

SWIMSUIT

TEDDY BEAR

TEENAGER

TOMMY KIRK

UNIFORM

USHER

VOLLEYBALL

ANNETTE FUNICELLO	CONNIE	FRANCINE	
ARM WRESTLING	DANCING	GANG	
AUNT WENDY	DON RICKLES	GEORGE	
BEACH PARTY	DOROTHY LAMOUR	GOGO	
BIG LUNK	DRESS SHOP	HAIRSTYLE	
BOMBSHELL	EARTHLING	HELGA	
BUSTER KEATON	FILM	INVASION	
CANDY	FLEEGLE	J SINISTER HULK	
CHIEF ROTTEN EAGLE	FOOTPRINTS	JILDA	

Solution on page 165

TV Actresses

ALLISON JANNEY

ALYSSA MILANO

ANGIE DICKINSON

CALISTA FLOCKHART

CATHERINE BACH

CHERYL LADD

CLORIS LEACHMAN

ELIZABETH
MONTGOMERY

FARRAH FAWCETT

GILLIAN ANDERSON

JANE SEYMOUR

JEAN STAPLETON

JENNA FISCHER

JUNE LOCKHART

KATE JACKSON

KIM CATTRALL

KIRSTIE ALLEY

LONI ANDERSON

LUCILLE BALL

LYNDA CARTER

MARY TYLER MOORE

MEREDITH BAXTER

PHYLICIA RASHAD

SALLY STRUTHERS

SUZANNE PLESHETTE

SUZANNE SOMERS

VALERIE BERTINELLI

VICTORIA PRINCIPAL

YASMINE BLEETH

```
Y T U N C A T H E R I N E B A C H U R Y
F K N O T E L P A T S N A E J I Y Y Q R
A M G S S U Z A N N E P L E S H E T T E
R E I N U L E R O O M R E L Y T Y R A M
R R L I J L D C K S A I L A E E W A R O
A E L K E A D J I K L L O P N E L H S G
H D I C N R A A R C Y Y N I N L L K R T
F I A I N T L N S A S N I C A B A C E N
A T N D A T L E T J S D A N J E B O H O
W H A E F A Y S I E A A N I N N E L T M
C B N I I C R E E T M C D R O I L E U H
E A D G S M E Y A A I A E P S M L N R T
T X E N C I H M L K L R R A I S I U T E
T T R A H K C O L F A T S I L A C J S B
J E S I E W M U E N N E O R L Y U R Y A
U R O G R N P R Y Y O R N O A G L M L Z
B H N V A L E R I E B E R T I N E L L I
N A M H C A E L S I R O L C D O B C A L
U T M B D A H S A R A I C I L Y H P S E
S R E M O S E N N A Z U S V X W R X W C
```

```
U F I L M G H T C O D C B A H G V R N F
S I S U Z Y E S F C I X G H L O L X W T
L T S K L S I R E E A I N G Y I K U U P
C I H K N N I M I A M U M B R E L L A S
C W N U G E X D O N R I C K L E S U P M
A W S I N I K I B O E S T J E A L O U S
M A N D K W O G O T M T O W E L S B T A
E G S I C G N X Y A P A R T Y W L G N N
O L L E C I N U F E T T E N N A T R E D
S M V K N R D E R K R M D A N C I N G B
K M S E W L K E I R G E A F R I U T A W
P X V U K S U D E E W A T E R Z D Q U H
M E E Y G D N E N T N R H B E A C H R N
H E I M O A S E D S K Y D I V I N G G F
C R M O P E R D P U B L I C I T Y K N Q
Z I F P L H Q K F B V G N G N I S S I K
I F I P I E V H A T R W V V Y R J R F E
W N U Z V N B X G N I L G G U N S A R J
G O C O M O F J S T E K N A L B H C U L
C B L G W B U C H W G U Y S T U N T S V
```

MERMAID

MUSIC

OCEAN

PARTY

PAUL LYNDE

PUBLICITY

SAND

SEA

SINGING

SKYDIVING

SNUGGLING

STUNTS

SUGAR KANE

SUNSET

SURFING

TOWEL

UMBRELLAS

WATER

AGENT	BUSTER KEATON	FOOD
ALBUM	CAMEOS	FRANKIE
ANNETTE FUNICELLO	CARS	FRIENDS
BEACH	COUPLES	GIRLS
BIKINIS	DANCING	GUYS
BLANKETS	DEE DEE	JEALOUS
BONEHEAD	DON RICKLES	KIDNAPPING
BONFIRE	EVENING	KISSING
BOYFRIEND	FILM	LOVE

Solution on page 165

Musical Things

ACCOMPANIMENT

ANDANTE

ARRANGEMENT

BANJO

BEAT

BELLS

BUGLE

CASTANETS

CELESTA

CHIMES

CLARINET

CLEF

```
I F P X P N C R R C M T R R A N N N D M
P F E Y Z I T H E R L K R E L T S I H W
C M C L M S S V X M S A M U M V U Y A C
T L Q O C M A P A K U L R Q M I C C T U
P E S P M T M T A E B R A I K P C D D V
A P A H C P S U C N I G D B N O E L N X
S P G O E E O A R R A N G E M E N T U C
E U N N L C S S N V A L A P R Y T T O D
M A O E G T K L I H E T A P J A C Q S U
I T C T A A X B L T U N I C M I N Z N E
H V Y N O M R A H E I R O U O I Q S O T
C R E S C E N D O M B O D H G V T G T P
B T U K U L E L E G H H N Y P B R L E Z
S U E T N A D N A Y G H O K G A B U T Z
C S G N I R T S W E R C L T L U R Q W Y
C P B L W X M Q U O J N A B S K R B G E
C H I P E E S Y N T H E S I Z E R D I B
S C H A R P S I C H O R D J J Y R U Y V
W S J Y N N G F A E H F I D D L E P V Z
I B L H N O P M E T N T X G N C B V V D
```

COMPOSITION

CONGAS

CRESCENDO

CYMBALS

DUET

DULCIMER

FIDDLE

FRENCH HORN

GUITAR

HARMONY

HARPSICHORD

HURDY GURDY

LARGO

LYRE

NOTE

OCTAVE

PIANO

PRESTO

SNARE DRUM

SOUND

STRINGS

SYNTHESIZER

TEMPO

TIMPANI

TONE

TRUMPET

TUBA

UKULELE

VIBRAPHONE

VOCAL

WHISTLE

XYLOPHONE

ZITHER

```
O F L A T O U R I S T S S S T E P R A C
X S I B O C J O X N J R L N I R L N D M
V E N G S C Y M E O I D E H S I N R U F
T T G G A F O M Y A B M S O I D U T S D
S I O A E S T N T T E L W A E W D Y B Z
J U B V R R S S D E F F I C I E N C Y X
G S E J A O N I R O A W M A S L U N S C
U M R P N W T G G K M C M E M L O A R V
Y E A N O E A S U N L I I X L I R C C T
Y V H D M Y H W D M E T N M H N G A O G
I M S B M M T C Y J I D G I I G Y V N L
U A E Y O N T R T N S F P Z U F A I T S
B N M S C U A D E I S R O A I M L D R S
O A I L U C R M K P K H O T R O P R A C
C G T T M O A K Y P O Y L B V K I R C X
T E N H L Q H B V D N R E K H L I T T X
D R A D R D N N L Z N S P K I G F N A Z
V T N E R O V X W E I A H O U S I N G P
W A E U F M O P P O M U H R O S S E L S
L X T R Z A E M N U T A B U I L D I N G
```

Vacation Rental

PATIO

PETS

PLAYGROUND

PROPERTY

RENT

STORAGE

STUDIO

SUITES

SWIMMING POOL

TENANT

TIMESHARE

TOURISTS

TOWNHOUSE

UNIT

VACANCY

AGREEMENT

AMENITIES

APARTMENT

ASSIGNED PARKING

BATHROOM

BUILDING

CABLE

CARPORT

CARPET

COMMON AREAS

CONDOMINIUM

CONTRACT

DOWNSTAIRS

DWELLING

EFFICIENCY

FLAT

FURNISHED

HANDY MAN

HOUSING

KEY

KITCHEN

LANDLORD

LESSOR

MAILBOX

MANAGER

NEIGHBORS

NOISE

Solution on page 166

In the Garage

```
S U X E L Q B N D U B I C E P P H I N F
Y X M I L E A G E B F S G H O N D A P D
A C U R A B Q F N O L U R R V T D C M D
L H S C S D I I Z O Z A S E W U I O A A
K D T I Y T R T T G G C E T L F R U N V
F F A W O O A A R I H A D D A S B G U M
Z M N V T Y Y T M E N K A O T Y Y A A I
K Y G I H O T L I B V I N X N K H R L D
H C T E C T B U M O L N F R E C Q C H S
C T I N A A E M P A N E O N N U I A U C
Y A C U E R T I Z R Z W R C I R S R W O
U M Q Y B W A N O D F D A S T T F A O R
S Z U A T J Y A C S A K A G N B H V O O
L P S Y P L D O E T T E V R O C I A D L
W E P R U M E R R H H C T A C N B N I L
L I I S A K U D P K T B R A T S O R E A
B U N S D T O L O N E D R O C C A S W S
S J T N A V I N I M O R T E M B D W Z F
F E O E R E D R S P R I L N H E O M L R
R C F M T L Q V L K B S N Q L Y A B R B
```

ACCORD

ACURA

AEROSTAR

BEACH TOYS

BMW

BOBCAT

BOOGIE BOARD

BUICK

CARAVAN

CHRYSLER

CONTINENTAL

CONVERTIBLE

COROLLA

CORVETTE

COUGAR

DART

EDSEL

FEATURES

HONDA

HYBRID

INFINITI

LESABRE

LEXUS

LUMINA

MANUAL

MARQUIS

MAZDA

METRO

MILEAGE

MINIVAN

MODEL T

MUSTANG

NEW YORKER

PINTO

PORSCHE

PRIUS

RAMBLER

ROADMASTER

SEDAN

STATION WAGON

SURFBOARD

TOYOTA

TRUCK

WOODIE

YUKON

```
G A T H E R C F X X P O S T S H A D E S
X R R E A E Z E E R B N A E C O F G U T
V G N I L I E C I Z Y C V N T B O X D A
F S T E R E O T V B R L I V C Q S Y E E
U E G F S T V I L F E A Y O N A I P C S
D G K S Z I S I O H T A B L E H S F O E
G S X I H V G F S R S C C T W P C U R V
X R D D R H Z K E I L P M H L S G U A O
K I J B T E O T S T O O L S V U T N O L
C A A X Z O N X H G H N M P R I N N V C
I H L A B E M I E V P R D Q N E E C Q M
N C Q L R B C M L P U T X R T S W W R E
T S U E G E S A F C S P U D K E S O C M
G O U R T O P G L P E F I Y S K P X L P
N N H E T E Z A V P R R P C W D A R P F
O I D A R A N Z P I E K L I T H P A A R
B U L D X P I I Z L H R N B L U E A T C
P T O I M U W N B A L D I R O L R A P W
F B E N C H Q E S A O A R F U K O E G U
D F B G T Y Q S H W C Y W N C Q R W S S
```

The Living Room

RECLINER

RELAX

RUG

SHADES

SHELF

SOFA

STEREO

STOOL

TABLE

TELEVISION

UPHOLSTERY

WALLPAPER

WINDOW

BEACH VIEW	CURTAINS	MAGAZINES
BENCH	DECOR	NEWSPAPER
BOOKSHELVES	ENTERTAIN	OCEAN BREEZE
CABINET	FIREPLACE	PARLOR
CARPET	FLOWERS	PIANO
CASUAL	FURNITURE	PICTURES
CEILING	GATHER	PILLOW
CHAIRS	LIGHT	RADIO
COUCH	LOVESEAT	READING

Kitchen Things

APPLE CORER

BAKE

BROIL

BURNER

CAKE PAN

CAN OPENER

CHEESE SLICER

CHOP

CONDIMENTS

COOKIE CUTTERS

CUPBOARDS

DECORATIONS

```
T W S E T A L P Y P V C L E N N U F C S
P E E L E R L B K M V B V Y P F Z O R M
I X G K A C B L R W J A R O P E N E R Y
C A C R S E O F H R W T T O B D W A E P
H Q D O P T X I E O N H C T I A W Q N O
X M C F O A S H R A O H R M R L K S I H
I E I D O K S C P L U A E D E T D O A C
F A S Y N A I C D B S N C A P S E R R U
D S L E W M Z E Y H T E I P P N C O T P
I U I H C B R L C S L V L P E O U W S B
J R S S A L T O A U N O S L P I A E A O
T I N K Z K M F K D T J E E E T S R E A
D N E T H P A T E C L T S C W A K E Y R
G G T T A U E A P O Q E E O N R E N E D
F S U C C L R Y A P A P E R T O W E L S
H P T E L E R E N R U B H E S C E P I Y
P O T A T O M A S H E R C R D E R O G Y
R O M F R U I T L A S O P S I D S N H Z
A N I P G N I L L O R A X Q Z P T A T A
M S T Y R R O O W Y G Z Y C S L A C S C
```

DISHWASHER	LIGHTS	PLATES	TEASPOON
DISPOSAL	MALLET	POT HOLDER	TRASH COMPACTOR
DRAWERS	MEASURING SPOON	POTATO MASHER	UTENSILS
FAUCET	MICROWAVE	ROLLING PIN	WARM
FORK	OVEN	SALT	WHISK
FRUIT	PANTRY	SAUCE	YEAST
FUNNEL	PAPER TOWELS	SIFTER	
JAR OPENER	PEELER	SKEWERS	
LADLE	PEPPER	STRAINER	

Solution on page 166

In the Closet

```
R W R B W D S I C X T F F N O G L D Y Y
K Y H B N U N D E R P A N T S M V E S T
W V I N A M R A L P H L A U R E N E N E
V B W E Z O W Z Y U W X E O E I T W O B
R C P I E R R E C A R D I N H M Q T T L
S A T E K C A J R C J D L N T C R B T A
A S Y B T U R T L E N E C K O A E P U Z
H T E O E V R L I A T T A L R L K G B E
S E F R N L A A I B X R R N B V A A L R
Q A R D D D L T I S K I R T S I E R O E
S T A R N K S B Y N K H Z M K N R M U P
N L C A T I B O O T C S U I O K B E S P
E O S W R R A E W T O O F V O L D N E I
C R I H O Y V E S S T L A U R E N T V Z
K O C H U Y O R U D R O C T B I I S O S
T L L K S I P T I U S P M U J N W L L S
I I J O E A Y F Z F J E R S E Y N A G I
E A D I R X F H C B G C R Z W H J C B E
C T C T S S H O R T S L E E V E T K G F
S X F F G K C J K B H E P C U F F S M S
```

RAYON

SANDAL

SCARF

SHORTS

SKIRTS

SLACKS

SLEEVE

TAILOR

TROUSERS

TURTLE NECK

TWEED

UNDERPANTS

VEST

WARDROBE

WINDBREAKER

YVES ST LAURENT

ZIPPER

ARMANI

BELL BOTTOMS

BLAZER

BLOUSE

BOOT

BOW TIE

BROOKS BROTHERS

BUTTONS

CALVIN KLEIN

CHRISTIAN DIOR

COLORS

CORDUROY

CUFFS

DRESS

FASHION

FOOTWEAR

GARMENTS

GLOVE

JACKET

JEANS

JERSEY

JUMPSUIT

NECKTIE

PIERRE CARDIN

POLO SHIRT

RAINCOAT

RALPH LAUREN

Parts of a House

AIR CONDITIONING

ARCHITECTURE

BRICK

CARPET

CAULK

CEILING FAN

CHALK

CONTRACTOR

CUPBOARD

CUSTOM

DECK

DRIVEWAY

ELECTRICAL

EXTERIOR

FLOORING

FOYER

FRAMING

FURNITURE

GARAGE

INSULATION

INTERIORS

KITCHEN

MASONRY

MIRROR

MITER

PADDING

PAINTING

PATCHING

PLUMBING

SCREENS

SHINGLES

TOILET

TRIM

TROWEL

WIRING

```
N L W L V I E P X J X T G M A S O N R Y
K G T H Y H T X C V S R O I R E T N I W
C O C W P Q D U L M I R R O R L Q F C L
E H E S T Y D W J L B I R U E G R O L Z
D J A C P A I N T I N G T V U N D Y P M
K P K L U A C T T A D C C T O I L E T X
W R J H K N D O F M E U D U S H X R F Q
P F R A M I N G N T S M P G D S T K L O
L A I R C O N D I T I O N I N G Q A O G
U L Y I A I S H O T R I S E B J C F O Y
M Z A Z L T C M E Y D A H C T I U M R F
B C W I E R R R M D G C C G R R E G I D
I L E Q A X D O A I T Q G T N E I K N L
N C V A M F R P W I B Z C I O I E M G G
G N I H C T A P K E U E T Y I R R N H W
A M R C P N O I T A L U S N I W V I S X
R O D W K R B Z E E R O I R E T X E W Q
A W N C A R P E T E P D H T J N K V H R
G K J H P D U Y E X L I D X B O F P U J
E Q G B R I C K X M I Y G W K T D W D I
```

Solution on page 166

Electrical

```
D F R T X G N G M W C D Z T G F F T M O
X M L A R C D D U E N O H P E L E T I S
S S S E L E R I W D I N F R A R E D T C
W A L K M A N E Z U V B A T Y E U E W O
G I I B J W T O W G L W P H E A R S G F
E M G W W A L K I E T A L K I E L Y R F
M I H G L R D N N T N S B D O O Y O D E
Q C T P Q E L D H E I A V L R Z A T S E
M R T R H Y E A L A M D S T O V E S S M
J O T G R R N J P S E C N A I L P P A A
H W C S I D T C A P M O C O E F A X P K
J A N H H W F L R A C J S V C C D D L E
A V P E E O P O R E F R I G E R A T O R
G E L P M L Y E T I T S G H L J I V N V
B D A S M B M O F U I U E S L D T A Z A
H V T P I A M U N O F A P F P M U S I C
B O I H C E L E N X T G B M H D N K B U
E M G V R K R P G E B R E C O R D E R U
M F I R C I N O R T C E L E N C C H V M
Q A D O E V J J W E M A G O E D I V S O
```

AIR CONDITIONER	COMPUTER	INFRARED	REFRIGERATOR
APPLIANCES	DIGITAL	LAMP	REMOTE CONTROL
AUDIO	DVD	LIGHT	SPACE HEATER
BLENDER	ELECTRONIC	MICROWAVE	STEREO
BLOW DRYER	FAX	MUSIC	STOVE
CAMERA	FLAT PANEL	OVEN	TELEPHONE
CELL PHONE	GPS	PDA	TELEVISION
COFFEEMAKER	HANDHELD	PLASMA	TOYS
COMPACT DISC	HOT PLATE	RECORDER	TUNER
			VACUUM
			VIDEO GAME
			WALKIE TALKIE
			WALKMAN
			WIRELESS

Solution on page 166

Furnishings

ARMCHAIR

ARMOIRE

BASSINET

BERTH

BILLIARD TABLE

BOOKCASE

BREAKFAST TABLE

BUNK BED

BUREAU

CHAISE LOUNGE

CHEST

CHINA CABINET

```
I S K N V F G X B Q M L X G C T C Y B Z
T E N I B A C A N I H C U A S H O B U M
Q S L T J T Y W A R D R O B E H F E R M
T R D B E R I A H C G N I D L O F R E K
D W H K A N F H K Y H Q D E B R E T A W
L N V V K T I C C S D W Z B A E E H U O
O R A F U C T B O H E E L K T S T I H D
A E O T J F O S A C A D B V D S A G C I
R P I B S O L M A C K I G Y R E B H N N
M E O N K H R O M F G T S N A R L C E I
O E D C M B S W O A K N A E I D E H B N
I L A W N C H A I R H A I I L T J A K G
R S V A T T D T W Z L R E L L O I I R T
E Y E Y E A M E S C H A I R I T U R O A
N C N Y N E V I B E O S M A B F A N W B
O D P X I S S A N K R N U P H F I B G L
R G O J S E Y B N I N T R E K C O R L E
H Y R K S V V N R I B U O T T O M A N E
T Q T Q A O C H E S T A B O I N H R A C
J X Y G B L S W B X Y Y R A F O S L A B
```

COCKTAIL TABLE	FOLDING CHAIR	ROCKER	WRITING DESK
COFFEE TABLE	FOOTREST	SLEEPER	
DAVENPORT	HAMMOCK	SOFA	
DAYBED	HIGHCHAIR	THRONE	
DINING TABLE	LAWN CHAIR	VANITY	
DRESSER	LOUNGE	WARDROBE	
EAMES CHAIR	LOVE SEAT	WASHSTAND	
FILING CABINET	MINIBAR	WATERBED	
FLOOR LAMP	OTTOMAN	WORKBENCH	

Solution on page 166

```
O S E Q J P X N A V Y I A W I G T T M Y
A X F I W U L I A B T J E G S H E Z N H
K C E V S U M S O Y A L E L Y Y K O P I
S Q Q E S E U I E P C J Y P P E O T Q E
D H Z Q I B Z E V J A R Z L Z R M V T W
X E E O Z Y D N R G S L I U A D U I F F
A V B R G U Z N O N W F E M U H H P L Q
P L Q C L C Y A N R F S S Z S W C L W U
A Q G T B Z E D A U B G I A V O C A D O
C J R W Q S T G N B K U O L T L N V E D
Q Y Q Z H P R V N U E R U X V L R E D P
A V D K Z E I B W A G G Q O P E R N E L
F T Y Z E V A M B E R R R R F B Y R D N D
Y I S N M I B T C A M O U F L A G E S B
E G N N A L P L Y Z H C T B A C Z R M E
H N O I C O D W U R H U S P C A F U S I
B F M C J L L C P S A G E R K K G T R G
I Q L V O A V E I G H D E N H N D W U E
X M A G E N T A N V R A U Q A E A B K K
T X S T T M A Y K G M A Q B I T F W E J
```

Colors Around the House

PEACH

PINK

PLUM

PURPLE

RED

SAGE

SALMON

SIENNA

SILVER

TAN

TEAL

TURQUOISE

WHEAT

WHITE

YELLOW

AMBER

AQUA

AUBURN

AVOCADO

AZURE

BEIGE

BLACK

BLUSH

BRONZE

BURGUNDY

CAMOUFLAGE

CREAM

CRIMSON

CYAN

FUCHSIA

GOLD

GRAY

GREEN

HUE

LAVENDER

LIME

MAGENTA

MAROON

NAVY

OLIVE

ORANGE

PALE

Solution on page 167

House Cleaning

```
D I S I N F E C T A N T B R D X X N N X
U N A T U R A L O I L S R O R K M W L U
S O H C A E L B G A I N O M M A S A E L
T Z Z F E Z X A R O B P O L I S H S D Y
P Z K B V M U L L I M Y M L E S O H C E
A L E T A N O B R A C M U I D O S I S T
N E E L C E S R H D I S H S O A P N H W
R R Z A U S W S H C S P O N G E I G I G
V E I U U A T E K C U B D F M R F P N M
L N T N M E M Q T A F I I I T R P O Y T
W A I D P R E T A W N Y R N T E U W A R
R E N R F G S Y Q B F G T T F N N D I M
G L A Y Y W W I N D O W C L E A N E R U
B C S S T O I L E T B R U S H E I R R D
N T E O U B A K I N G S O D A L K V X G
J U K A Y L I Q U I D N I R E C Y L G V
P O A P H E Z J D D E T E R G E N T S Z
Y R L M O L M F D P R A G S E L B B U B
I G F H R M C W T Z K C A S T I L E D H
L C N W K T V T N A C H S A R T W K S D
```

AMMONIA

BAKING SODA

BLEACH

BORAX

BROOM

BUBBLES

BUCKET

CARPET SHAMPOO

CASTILE

CHROME

DETERGENT

DIRT

DISH SOAP

DISINFECTANT

DUSTPAN

ELBOW GREASE

FABRIC SOFTENER

FLAKES

FOAM

GLYCERIN

GRIME

GROUT CLEANER

HOSE

LAUNDRY SOAP

LIQUID

LYE

MOP

MUD

NATURAL OILS

NOZZLE

POLISH

RAGS

RINSE

SANITIZE

SHINY

SODIUM CARBONATE

SPONGE

SUDS

TILE CLEANER

TOILET BRUSH

TRASH CAN

VACUUM

WASHING POWDER

WATER

WINDOW CLEANER

Solution on page 167

Chapter 9: SUMMER WORDPLAY

```
P M H O C T Y E S I R E I T S U M W G P
G L L M X V S I S U M M E R T I M E E M
N Y V M V K H U I E B O S I Q T S R U O
W B K F G G T Z R K I I Z S E R U M R S
N X G Q N E M I Y I M M U R E S G E T S
M L T Z M Q T M S M S T M M T M M R T M
S O F O E U I T E R S E M U P I U I I A
I X E K S F T R T E H I Q U T M R S M P
Z X O H B T R E I E T S E E M N N E E J
O V W Q J W I C R J E F M X R M P U R R
R Y Y X S Q M M E I O M M I E T I U S K
N M W X T D O B E S F B L E R S A E T O
A Y H K J U J Y N Y G B Q F T E M U S W
T F C P E I S I B Y N O G M S I T I I F
T M H B R P R O G L H A Q I M M R Q M V
B F F T C M H P U R I B P Q U E E L B N
E W G P S S R Z W Z I K B M T T E A B D
Q T F Z F F A O X X L N B C Y S E Z V W
X L P M J E W I W U M A Q N Y W T U L I
U Q A C U F F P D O B J V U D H R E S U
```

Words from S-U-M-M-E-R-T-I-M-E

SUITE
SUMMERTIME
SURE
TEEM
TERSE
TIMER
TIRE
TREE
TRIM
TRUE
TUMMIES
USER

EMERITUS · MIST · SEEM
EMITS · MUMMIES · SERUM
EMUS · MUSTIER · SIMMER
IMMERSE · MUTE · SIRE
IMMURE · REMIT · SMUT
ITEM · RESUME · STEM
MEET · RISE · STIR
MIMES · RITES · STRUM
MIRE · RUST · SUET

106 • THE EVERYTHING WORD SEARCH FOR THE BEACH BOOK

Solution on page 167

Words from
V-A-C-A-T-I-O-N

ACTION

ANTIC

ATONIC

AVIAN

CIAO

COAT

COIN

COT

ICON

INTO

IOTA

NIT

NOT

NOVA

ONTIC

OTIC

TACO

TAN

TAO

TIN

VACANT

VACATION

VAIN

VAN

VATIC

VINA

VINO

VITA

```
V Y P K O D T B H T U K L N R T T C C Y
N I R X Q E T C S E O I K T F O A Y S N
B U G Z J G N F A S L C C Y U V O N V I
R W O I V F R C U W D V A O A I C Y T T
B T L O E Q S I H C N H T T I E N Z A N
E N E N H M G X I W S N I P N N O A G A
V U W P O H C Q Y I I C V P Z I V K M C
N J O V Z S A E O C S D I J W I A S Q A
P E I X H M E D Q Z E J C T A I T V H V
G F D B D N J Z D G R L O N N T O U G A
E S V N C Z K P N P Q T N A T O N I C C
I N K Y A W W M F F W J N J I A R T O A
E V F X E G A Z D J U I N H C T I A I T
W L O A F L F H P V V B D Z K O T I C I
L K G R D V B J K T U D H S N I V I N O
I Z C G S M B C X H S W V K N A V D C N
V Q I C D C U M J B S V J M X O Y T B I
G N P L L F Y V E J L V L G J H K E A O
K U M H E U M H H N B S R N E P S C E C
L B E F S V Y X O Z H U B G H R B N L V
```

SAND in Words

```
L U Y Q G X M W I H D N A S L O P Z E L
Q R V M U B Q S N T T N A S H T S X L Q
M P X F G A I H J A B E A M Q L K U X N
U T H Z P O J K C X M N K S U L S X Q D
L N A M D N A S T O D R H S I F D N A S
O Z H J H L F I A F S W O Z C E S S U C
H M U H S A P T L N D P F T K U R D K H
T Y I L A D D Y H R D S C I S X R T P H
A I Y S N N D L F O E D A E A D Y W S S
O S E A D A N K P C U P U N N T N I W Y
N A S N W S A M P E R S A N D B L A S T
U N J D O E V A L S S A A P E B T X S U
H D S B R T X T A A S N J N D I A J B P
C I A O M J S N N N A D X S D N X N M X
I N N X E A D D V D N B Q A A B A G K A
W I D J C H L K N B D U R E D N A S Y N
D S I D O O O O V A U R S F U Y D G D J
N T N G T A Y X O R S G J U G W J R N I
A A G X N E A A E B K G F G K F E O A L
S S A L G D N A S W Y I G A H I V E S R
```

SANDWICH

SANDWORM

SANDY

STREISAND

THOUSAND

AMPERSAND	SANDBURG	SANDINISTA
QUICKSAND	SANDCASTLE	SANDLOT
SAND DUNE	SANDER	SANDMAN
SANDAL	SANDFISH	SANDPAPER
SANDBAG	SANDFLY	SANDPIT
SANDBANK	SANDGLASS	SANDRA
SANDBAR	SANDHI	SANDSTONE
SANDBLAST	SANDHOG	SANDSTORM
SANDBOX	SANDING	SANDUSKY

Solution on page 167

SUNNY Words

BAKING

BLAZING

BLISTERING

BRIGHT

BURNING

DAYLIGHT

FIERY

FLAMING

HUMID

ILLUMINATION

MILKY WAY

MUGGY

PARCHING

PHOTOSPHERE

RADIATION

RED HOT

ROASTING

SCALDING

SCORCHING

SEARING

SHINING

SIZZLING

SOLAR SYSTEM

SPARKLE

STAR

STEAMING

SULTRY

SUNBATHE

SUNBEAM

SUNBURST

SUNLIGHT

SUNRAY

SUNSHINE

SWELTERING

TOASTY

TORRID

TROPICAL

TWINKLY

WARM

WAVE

```
S H I N I N G Y T K U F K Y G G U M R L
M D C K P N N W S U N B E A M H U M I D
G Z E B I D I R R O T S I W B K C L S R
P L V M O N N S S U L T R Y I I L Z C L
M R A W K B R I G H T N I K P U U L A K
H L W L R T U R A C Q D U L M N S A L M
F F Y V D I B L I S T E R I N G T C D U
E G I S B P T I T G G I N M K N E I I P
Y B O E M E T S Y S R A L O S I A P N K
Q O L E R E H P S O T O H P U R M O G O
K I D R K Y M P P I S G E T N E I R N I
Q S D K N G G G O E H E O H R T N T I U
H B R E L N N N B A K I N G A L G O Z F
Q F G F H I S I I E Y L B I Y E K H A G
J F L U L T Q P H H C T D L H W L D L N
F N V Z A S A B L C C A S Y J S H E B I
R J Z R X A T B H A R R A A D E N R Q R
S I W R Y O J I N X F O A D O Y X U T A
S F S P A R K L E U O G C P T T E E S E
N I V T H G I L N U S W T S R U B N U S
```

```
P O J G G R D S P J U Y A C D F U K H C
U O I L L K L T E S L F H O K Y K I M E
B P E A N O O L A S L F N E S K N C N O
F Q D M O C V V C X N S F W T D R J O Z
X S Y P O U O V M J M O T A R E S W T X
A Q I O S M R E Q O N P O E E A M N Z N
F D C O N I E I C B O E A N W J W T D J
U U Z N O O T R A C O M M U N E V Z L O
N X L N M H O L O N P I C D H C I K T U
Y T N F O J L C N W R M M K W R Z H S H
R S O O J O A G C X A U Z M G O I D X A
R X O D O I S E F A H Q K R U O K P E Z
G S R N N F Q S B K R T N U C N A C W D
P Z A O O Y F E A T Y P H O O N E X V G
T Z M O O O A U U B L T K O O J O Z R M
O W Z C C K T D B P A X T O W B A O J R
Y X V O Y F T A R Z G N P P Z Q A K M H
H V C C T V U U L N O S E A J R Q B E O
Y G Y B B D N B I P O S V Y N Z A W T S
D P R W A E E W A O N O O W S J F Q C R
```

Rhymes with June

SWOON

TYCOON

TYPHOON

ATTUNE	CROON	MOON
BABOON	DUNE	NOON
BALLOON	HARPOON	PLATOON
BASSOON	HEWN	PONTOON
BUFFOON	IMMUNE	PRUNE
CANCUN	LAGOON	RACCOON
CARTOON	LAMPOON	SALOON
COCOON	MAROON	SPOON
COMMUNE	MONSOON	STREWN

Rhymes with July

ALLY

APPLY

AWRY

AYE

BONSAI

BUY

CHAI

COMPLY

DECRY

DEFY

DENY

DIE

DRY

DUBAI

DYE

EYE

FLY

FRY

GOODBYE

GUY

HEREBY

```
S X W J M N I B Y L S K Y N O B R J P Y
I X L B L M X D A B C I V W N F H E R N
G B J Y B B N I Y A Y U G J I O G S I R
Y M D A D E J Y R E L Y K H A Y Z E L D
R J B Z X H E I H V F L S E M A X Z E P
D C O K J X X C N I G H Y R C E D N K S
E P S N P W W S T U A Y R E P L Y R F W
F K B S F N S I Y N C B F B I M P L Y Q
E U Y Y M I J Y G O O D B Y E V R L A R
V P T H A I F H M U I N Z F L S P R Y Y
R T J W X E A P G V N A W R Y P P W E E
I U C Z D I L S Q Y R T E R A F P E Y R
K E X W U Y K K N V R S I J D L P U E Q
Y R Z O B L H I A O R D A E G Z B S S A
U A T R A G T T B D B A H U Y H X U Y J
U E A J I J M J B D U U C B O D W A S X
M E E H C M I X G Q M Z D W T H L L Y V
N I T E B I L H Z C M B C E B T X I X I
B F G Y T D T R G K G T C M W F B U J T
M V R B J X V O Q M Y G F L H A P X C I
```

IMPLY	SHANGHAI	UNTIE
LYE	SIGH	VIE
NEARBY	SKY	WHY
NIGH	SLY	
PIE	SPRY	
RELY	STANDBY	
REPLY	SUPPLY	
RETRY	THAI	
RYE	THIGH	

SPRING Words

```
I N H A N D S P R I N G F E V E R X V M
G N I G N I R P S L I O C G S R Y N D I
Z G V W S N S P R I N G Y N P D W A P L
E T C B R P U C Z I G V P I R L B T G N
S P R I N G R O L L N G O R I E O U X Y
U A I R S P R I N G I G V P N I X R D H
O I G G P S J X N Q N S T S G F S A E O
H J N N R D P S X G A A X R W G P L D T
G I I I I U A R H F E Q R E A N R S A S
N J R R N R P E I U L Q I V T I I P O P
I S P P G I P S H N C R U L E R N R L R
R P S S B A B S P G G Z W I R P G I G I
P R R D R H T V L R N C W S N S E N N N
S I E E E K D L U A I I H K R O R G I G
F N N B A X K V F D R N R I E W X H R B
F G N E K C X Q E H P I G P C C J A P O
O L I A T G N I R P S J P I S K K R S A
I E X S E D I T G N I R P S E H E E Y R
Z T H N E J T H E R M A L S P R I N G D
R L M M V E M I T G N I R P S L L E W B
```

SPRINGING

SPRINGLET

SPRINGTAIL

SPRINGTIDE

SPRINGTIME

SPRINGY

THERMAL SPRING

UPSPRING

WELLSPRING

AIR SPRING	SILVER SPRING	SPRING TRAINING
BEDSPRING	SPIRAL SPRING	SPRING WATER
BOX SPRING	SPRING BREAK	SPRINGBOARD
COIL SPRING	SPRING CHICKEN	SPRINGER
HANDSPRING	SPRING CLEANING	SPRINGFIELD
HOT SPRING	SPRING EQUINOX	SPRINGHARE
INNERSPRING	SPRING FEVER	SPRINGHEAD
NATURAL SPRING	SPRING LOADED	SPRINGHOUSE
OFFSPRING	SPRING ROLL	SPRINGIER

FALL words

```
L A N D F A L L A F D A E D S N F N B V
P K R F A P F A K Y R O N M U S Y X G G
G Q S C L A R Z G O M E G T Z H I F H H
P A Q G L K Q A C T S L E Y K S Q J M R
Z J L L O C P K T V N B F F U I F F X I
W V O H F W F C H F X I S A A F A O Y L
N U N Z F A G P I T A L G M L L L U W K
T Q K F L I C E F A L L E H L L L T B B
B J Y L H R G Q G S T A L A T A B F Y W
L F C W G P B N N U J F F G L F O A I D
V A A T L C I O F O O T F A L L A L C R
B L L O L L W A T E R F A L L E R L R K
M L L L L F A W D O W N F A L L D A L U
H O A A A F R F H Y R V F Z C S I F A X
P W F L F F Q S T M R W Q Y K N X N I Z
S E L T E A D T S I E E F Y F S N E W C
H Y G K B L Y N U D P A A A I Y V V O A
Q M B U G L R W I N E L L A F N G E O Y
R P K R P S P L N W A L C M I D U W X C
C Z R S C H M P L R U I A O I C A Y B W
```

BEFALL

DEADFALL

DEWFALL

DOWNFALL

EVENFALL

FALLACY

FALLAL

FALLBACK

FALLBOARD

FALLEN

FALLFISH

FALLIBLE

FALLING

FALLOFF

FALLOUT

FALLOW

FALLS

FOOTFALL

FREE FALL

ICEFALL

LANDFALL

NIGHTFALL

OUTFALL

PITFALL

PRATFALL

RAINFALL

ROCKFALL

SHORTFALL

SNOWFALL

WATERFALL

WINDFALL

Solution on page 168

```
T A K K N D D E B R I S H L H N K W A T
D E G R E E M A G R E E B G D K Z G K M
F E Q A C E N L Q B Y E K I J I B T O G
G P E R M S L E N P D C F F J A F N H M
F L E A H P P G V X X G M C R V D Q R J
P E A E O R C P Z S K S A C S L E A P U
H O E X O I S H K J E C C R A U M H G H
L G O M G T P I N R F H N H D X P W U W
K U F V C E R T E R O G Z H C N F C C L
A B D N H E E E E J R W J T F I X Z T E
I P O Z E L E E V A I R O R F I Q Q X Q
P I J R L F Q I R H U N O M T R A H U I
K E T Z H Y Y C R H N G U K L H Z M G K
I H Q G O G I A Q B T H E E R U V P H X
G E T E U G J F E E W C W W E F U H W P
P X X O X E E U T A O O I G W C Z Z U M
G C H F B S D K E T E C F S N K D G S X
M T B B E Y R F M U F P C E N M X N K O
M F X Q B C Y H C W N Y Q I D E M C H K
M N O D W X H W C P R W T V H I U H K W
```

TREE

WEE

AGREE	ESPRIT	PEA
BANSHEE	FEE	PEE
BEA	FLEA	PLEA
BEE	FLEE	SKI
BRIE	FREE	SPREE
DEBRIS	GEE	TEA
DECREE	GLEE	TEE
DEGREE	KEY	THEE
EMCEE	KNEE	THREE

Water Words

```
U D W S O Z E Y W K C Q L U Z I E D B A
J A A U D N K T F R E S H E B S I G N W
R S L T X U D O B N R G B G N S H A I L
Z B M C O H R R A D U W A E H N O O N L
W A S D J D I P M R E T A W K C A B A H
W O I V T N Z J M E S L A Y O I E H E L
O L A K E E R E T A W T L A S L R S C V
I R P D A K E A A Y E O D I S M F R O I
L P V N R N G L B R H R U G T O E F G H
J Y J U D I G E S A H L T S N S V N E O
H Q O O R R G J X U O R Y S E I I C P U
N N P R O D D O J T U Q E R V S R D C M
Y E I G P P Y B J S G Q V G S F M P Z F
O W Q G U L F A K E M O W O L L A H S J
L I E H D O P T W O I X R V F I S L F D
I L N L D O H H A R D C F L O U B O L P
C H Q L L P S I U C E V E S L U S H F S
Q F N T E A P Q U X H T V F N E E Y U T
Q H U Z J T U C T L P T A E W S A F U N
L H R A T Q G D F F C K Q W O N S S F X
```

BACKWATER

BATH

BILGE

BRINE

CHANNEL

CROSSING

DISHWATER

DISTILLED

DRINK

ESTUARY

FALLS

FLOWAGE

FLUSH

FORD

FRESH

GROUND

GULF

HAIL

HARD

HOLY

HOSE

ICE

INLET

IRRIGATE

LAKE

OCEAN

POOL

PUDDLE

RESERVOIR

SALTWATER

SEA

SHALLOW

SHOAL

SLEET

SLUSH

SNOW

SOFT

SPRING

STREAM

SWEAT

TAP

TEARDROP

WATERWAY

WELL

Fun Words

```
R P G Y D E M O C O M I C A L Q P X U L
C S A U C I N E S S C K W J X Z H D A Q
H F S S E N I K R E P V L U F H T R I M
U Y C E L E B R A T I O N H E D K G C S
G N I C N A D S S E N E V I T R O P S I
O W H I M S I C A L I T Y P G A M E S C
Y V G P P F U N N I N E S S E E N D E I
T T G N U E M O S C I L O R F S Y H N T
I F I P I C Q W V G B F U U E R T L H T
L O D R R S K R A E R Q S O P E I E S I
O C R Q A A U I I I I P F P U F V F I W
V E O E A L N M S G E H U O R R I I P O
I M L Y P C U K A H U N C J S E T L M R
R I L B B A I C M M N P J S U S C T I D
F T E K A N C T O I S E M O I H A H X P
T S R P E H A R N J T D S O T M L G G L
N A Y S F M G G O A N O I S R E V I D A
N P S D Y V C U R C L O W N I N G N Z Y
T N E M E S U M A G Y T I V I T S E F E
O S S E N T R E P L J O C O S I T Y A Q
```

PASTIME

PERKINESS

PERTNESS

PRANK

PUCKISHNESS

PUNNING

PURSUIT

REFRESHMENT

ROMP

SAUCINESS

SENSE OF HUMOR

SPORTIVENESS

WHIMSICALITY

WITTICISM

WORDPLAY

ACTIVITY

AMUSEMENT

AMUSING

ANTIC

CAPER

CELEBRATION

CLOWNING

COMEDY

COMICAL

DANCING

DIVERSION

DROLLERY

FESTIVITY

FRISKINESS

FRIVOLITY

FROLICSOME

FUNNINESS

GAME

IMPISHNESS

JOCOSITY

JOCULARITY

LARK

LAUGHABLE

MIRTHFUL

MISCHIEVOUSNESS

NIGHTLIFE

PARONOMASIA

Solution on page 168

Chapter 10: FUN FUN FUN!

Reading Material

ARTICLE

BESTSELLERS

BIOGRAPHY

BOOKS

CHAPTERS

CHARACTERS

COLUMN

COMICS

COMPOSITION

DRAMA

EDITORIAL

ESSAY

FANTASY

HARDCOVER

HISTORY

HUMOR

ILLUSTRATIONS

INTRODUCTION

JACKET

LIBRARY

MAGAZINES

MEMOIRS

MYSTERY

NARRATIVE

NEWSPAPERS

NONFICTION

NOVEL

PAGES

PAPERBACK

POETRY

PREFACE

PUBLISHER

ROMANCE

SPIRITUAL

TRAVEL

```
Y B L Y P T P Y B F A J P O E T R Y M H
G H F A N T A S Y S E J N B B A O E E F
S F G F Y S P R V I Y L B R Q G M N B I
V E W A S N E W S P A P E R S O A O J P
S J N E M P R P W T L H S V I T N I C V
C Y X P Z L B I E L S K T R A J C T O G
T B R E G O A K I I O U S S Y R E C L U
L E V O N A C H L O L J E N F X T I U A
C N E U T A K B B Z S A L O K I E F M X
A A B D J S U S K Y Y Z L I N S L N N O
P K Q C I P I C P H F R E T W R C O X A
A M A R D T Z H P I M S R A P E I N W R
Y A J Z E L O A H A R O S R R T T H T S
N M J N C V R R G W D I E T I P R L W N
M A C Z R G O A I U M F T S X A A I A X
S W W O O Q Z C C A A U O U R H I B Y R
Z T M I M I C T D C L P J L A C M R E A
O U B T N I I E E R M W X L C L V A S M
H R K E Y O C R D O A E V I T A R R A N
Z E S Z N C H S C X L H Y R E T S Y M J
```

Solution on page 168

Card Games

```
K R L W U V D Z V R E K O P T L K B Z K
B W U B P X N D U G L E L H C O N I P D
X P T Y S G C M S I F D R O D E U C E B
T U A Z G T M L G L A L N O N K S M U M
N V P T I Y B O U T U E N W M D O D C Q
K P A U I D M S S B E I W Q N N Y G H V
M I S E R E H A I U S F T O D E C K R H
O D I F Z W N C Q A I N M S G O D D E R
K S M D M A H C C V G A M B L I N G B P
N T W T C Q C I E R I C R I B B A G E S
U R F J T L R C S D E C A P S R I M S S
B A C C A R A T U T O K W V H S I S H P
N I V D K R Z N O O T N O P U E N D F A
O G O W D H Y R H P L W H J F I A A G D
J H I D G X E L L E C E E R F K R R P E
I T R N N D I K L D I A M D L O D V T S
X A Z B I L G S U T W O P A I R S R C S
W Z B P K L H A F M T U M Z N D U T I Q
C W S F L Z T M K H S I F O G M S Z Y W
S C X E G V S U M X B U J O P I Q S X X
```

ACE

BACCARAT

BRIDGE

BUNKO

CANASTA

CANFIELD

CASINO

CLUBS

CRAZY EIGHTS

CRIBBAGE

DECK

DEMON

DEUCE

DIAMONDS

EUCHRE

FARO

FIVE CARD DRAW

FLUSH

FREE CELL

FULL HOUSE

GAMBLING

GIN

GO FISH

HEARTS

JOKER

KING

KLONDYKE

MISERE

OLD MAID

PATIENCE

PINOCHLE

POKER

PONTOON

QUEEN

RED DOG

RUMMY

SHUFFLING

SNAP

SPADES

SPIDER

STRAIGHT

SUIT

TRUMP

TWO PAIRS

WHIST

Holiday at the Beach

ALL SAINTS DAY

APRIL FOOLS DAY

ARBOR DAY

BASTILLE DAY

BOXING DAY

CHINESE NEW YEAR

CINCO DE MAYO

COLUMBUS DAY

EARTH DAY

EASTER

FATHERS DAY

FLAG DAY

FOURTH OF JULY

GOOD FRIDAY

GRANDPARENTS DAY

GROUNDHOG DAY

GUY FAWKES DAY

INDEPENDENCE DAY

LABOR DAY

LANTERN FESTIVAL

LINCOLNS BIRTHDAY

MARDI GRAS

MAY DAY

MEMORIAL DAY

NEW YEARS

PASSOVER

PRESIDENTS DAY

ROSH HASHANAH

SADIE HAWKINS DAY

SAINT PATRICKS DAY

SANTA LUCIA DAY

THANKSGIVING

VALENTINES DAY

WASHINGTONS BIRTHDAY

YOM KIPPUR

```
F L A G D A Y A D G O H D N U O R G N B
M A Y D A Y A D S E K W A F Y U G N Q O
E A R T H D A Y L U J F O H T R U O F X
M L A N T E R N F E S T I V A L J S B I
L E F R A E Y W E N E S E N I H C A J N
Y A D E C N E D N E P E D N I G Y I S G
O Y A M E D O C N I C P C B R N A N A D
Y A D S R E H T A F A O A E Y I D T N A
A D P A S S O V E R L S T A B V S P T Y
D S P R E S I D E N T S D A Y I N A A A
I E M Q C T B N S I A R A Q M G I T L D
R N S K G Z T B L E O I Z T I S K R U L
F I T U X S I L A B O R D A Y K W I C A
D T V X D R E S R A E Y W E N N A C I I
O N W A T D M A R D I G R A S A H K A R
O E Y H A N A H S A H H S O R H E S D O
G L D Y A D S U B M U L O C I T I D A M
W A S H I N G T O N S B I R T H D A Y E
Y V Q F Y A D S L O O F L I R P A Y P M
R U P P I K M O Y A D S T N I A S L L A
```

Solution on page 169

Spring Training

```
K B W E T R H C A T C H E R E D I L S F
N B A Y V U J S C J F L O R I D A S U N
E S F T U N Z H S N O I S S E C N O C P
H N U E T N E U G A E L S U T C A C A O
S K L U S E T A M I L C R E M R A W R P
H I L G R R R R E D A E H E L B U O D F
F S C A B E G R A N D S L A M X P X N L
G S O E W D C L E A R W A T E R I I O Y
T I U L I L T N A M E S A B D R I H T B
P M N T N E A Q R E D N U O R G Z O N A
U M T I T I M N E W U Y O B T A B M E L
U E A U E F P R O F A S T B A L L E D L
Y E N R R T A Q U I L S T R I K E T A P
D V O F H U S H O R T S T O P R A E R R
N O Z E A O O U Y H R N H Y I E C A B A
O L I P V M G V E R O B E A C H H M S C
M G R A E R I P M U F F F T M Y E R S T
A O A R N G N I N I A R T G N I R P S I
I P U G R U B S R E T E P T S I S Y F C
D N A L E K A L K A T O S A R A S A F E
```

ARIZONA

BATBOY

BATTER

BLEACHERS

BRADENTON

CACTUS LEAGUE

CATCHER

CHEER

CLEARWATER

CONCESSIONS

DIAMOND

DOUBLE HEADER

FAIR

FASTBALL

FLORIDA

FLY BALL

FORT LAUDERDALE

FT MYERS

FULL COUNT

GLOVE

GRAND SLAM

GRAPEFRUIT LEAGUE

GROUNDER

HOME RUN

HOME TEAM

INTENTIONAL WALK

KISSIMMEE

LAKELAND

OUTFIELDER

POP FLY

PRACTICE

RUNNER

SAFE

SARASOTA

SHORT STOP

SLIDER

SPRING TRAINING

ST PETERSBURG

STRIKE

TAMPA

THIRD BASEMAN

UMPIRE

VERO BEACH

WARMER CLIMATES

WINTER HAVEN

Cool Pool

BELLY FLOP

BREASTSTROKE

CABANA

CAN OPENER

CANNONBALL

CHLORINE

DEEP END

DIVING BOARD

DIVING RINGS

DOGGIE PADDLE

DRAIN

DRINKS

```
F H S I L S X P R G D H T D V U O L H E
I V Q S N O R K E L I N R A M L K L L M
N G K G C I W X I B C S E B O C G A D S
Z I D N E W O L L A H S R P O L P B K S
F J A I Z Z U C A J Q E R L E S F N F U
D A S R P O L F Y L L E B E D E I O F N
W N P G D U F I O L T N B L T R D N Y B
D A L N O D E O A A U L A D D E R N M A
B B A I F I P Z W S R S O D W Z K A W T
U A S V F E K O R T S T S A E R B C O H
T C H I I E R W A D I N G P O O L A Z E
T W H D F E P X Z Z W A T E R W I N G S
O I D L W U D R A O B G N I V I D O O I
H I U O O E J J E V I D H G I H N P G C
K U H S D R U M U S C L E G B U O E G R
O S W I M M I N G L E S S O N S I N L E
Y Y L J P I L N H L F R O D U J T E E X
J S U U T V W L E W O T V Z U X O R S E
E L T R U N K S R E V A S E F I L H D Q
Z G D N R U B N U S U N S C R E E N X B
```

EXERCISE	LAPS	SPLASH	UMBRELLA
FLOAT	LIFE PRESERVER	SUN BLOCK	WADING POOL
GOGGLES	LIFESAVER	SUNBATHE	WATER POLO
HIGH DIVE	LOTION	SUNBURN	WATER WINGS
HOT TUB	MUSCLE	SUNSCREEN	
JACUZZI	SHALLOW END	SWIMMING LESSONS	
JUMP	SHOWER	SWIMSUIT	
KIDDIE POOL	SLIDE	TOWEL	
LADDER	SNORKEL	TRUNKS	

Solution on page 169

Beach Toys

```
C U R L J V B S Z O H J B P S N F F G T
F R I S B E E O S O C S K I M B O A R D
I K E E Q N M A E E W R N S L B R G C S
I V J T L U N T A O L F E G N U O L A U
V N R O R O I O E J L D R S Z R T V S W
G K A Y A K P R T A H I O H E U C M T L
P V F B W L P G T N N O S O V S E R L B
N J T O E A Z A N G I C A V N U T U E B
V L I A P A B K T I U M N E L R E B M J
H U C T W L C O F F H N D L L F D B O E
K O B I E E S H I L V S S A A B L E L T
R C K O P S T V B O O G I E B O A R D F
S F U M O E D S L A R E F F E A T D Z S
Y O X R K M G L U T L N T G L R E U M N
R O G C T I E Y O I G L E C D D M C S W
H T U N Z Y W R A E T Y R T D S E K A R
Z B G M B R O C A S H U L C A R D S M B
V A Q A F A Q T L N F L I P P E R S W H
J L L Y T T I G O G G L E S P O O C S H
E L E K R O N S E B U T I Z Y C Z U M O
```

SCOOPS

SHOVEL

SKIM BOARD

SNORKEL

SQUIRT GUN

SURFBOARD

TOY BOAT

TOY TRUCK

TUBES

VOLLEYBALL

WAGON

WETSUIT

BADMINTON	FLOATIES	NET
BEACH BALL	FOOTBALL	NOODLES
BOOGIE BOARD	FRISBEE	PADDLE BALL
BOOMERANG	GOGGLES	PAIL
BUCKET	INFLATABLE	RAFT
CARDS	KAYAK	RAKE
CASTLE MOLD	KITE	RING TOSS
FISHING POLE	LOUNGE FLOAT	RUBBER DUCK
FLIPPERS	METAL DETECTOR	SAND SIFTER

Solution on page 169

Daytona 500

```
T R A C K O F D A O R T I P I T C R E W
L O V A L V S T D L F O I D A R H S W A
C L Z R P C M I H A K Z W U F C N T M L
E E E C B N I P S P F N H Q A D E O F L
R E Y A W D E E P S A I R W R E N C H C
V P W M A Z E N A O A G S J W A G K A I
P E I Q U G P I S B N H T H S A D C K R
T T N N T R U L S S X D C C L B Y A F C
S T N O O A C H O T R K A F T O R R R U
Z Y E C M N T S T A S R D R O T O M I I
S E R I O D N I H C R E V I R D S M C T
Y L S N B S I N L L R T E N G I N E H W
I L C A I T R I J E F F G O R D O N A X
N O I H L A P F K C U V H Z O S P T R S
F W R C E N S C P O G F L D W N S A D V
I F C E G D E R S U O I G I T S E R P Q
E L L M O H D L A R G E S T P U R S E P
L A E G C R I J N S Z F R I X N R U T R
D G E G A R A G R E E N F L A G I H T S
W H F G T E M L E H G U O R O B R A Y A
```

AIR WRENCH

AUTOMOBILE

CAR CAM

CHASSIS

CHECKERED FLAG

CIRCUIT

DALE EARNHARDT JR

DASH

DODGE

DRAG

DRIVER

ENGINE

FINISH LINE

FUEL

GARAGE

GRANDSTAND

GREEN FLAG

HELMET

INFIELD

JEFF GORDON

LAPS

LARGEST PURSE

LEE PETTY

MECHANIC

MOTOR

NASCAR

OBSTACLE COURSE

OVAL

PACE CAR

PASS

PIT CREW

PIT ROAD

PRESTIGIOUS

RADIO

RICHARD PETTY

SPEEDWAY

SPONSOR

SPRINT CUP

STOCK CAR

TRACK

TURN

WALL

WINNERS CIRCLE

YARBOROUGH

YELLOW FLAG

Solution on page 169

```
E O S B W A C R Y V L M F E N N A M B I
E E E R X E D I K N S T E M S P J S F C
Z S F H I O S L J T E P E Q K J Y H V X
S L I T R I C Y C L E D E L C Y C I N U
H A N D L E B A R S N A U S Z D L F L Y
O D D M V U T S D A O R E L I A R T Y N
S E H D A L P E T H G I L D A E H E S T
C P U L L E Y R M Z R R G N I C A R T B
M L A T V E D I N O I S N E P S U S H S
B G K F E H E T S M D F S B B G F O G K
E W O I M W E S S S R E I R R A C G I R
W S A H O U E S R O T C E L F E R C L O
O S X S S C D C C H A I N P X H K F S F
C G E R C V K G G P K C R O S S B A R R
E L X A B M G I U R W B W E T C E S E A
D O M E T S L M S A I S R A D O K D P M
R C S G D L P D R T R P N A B O S K I E
R K U N I A T N U O M D S I K T S Q L R
U Q D A Q L N S E K O P S V S E L B A C
M F T E M L E H X W H I X T X R S W C K
```

Bike Path

ROAD

SADDLE

SCOOTER

SEAT

SHIFTERS

SPEEDOMETER

SPOKES

STEMS

SUSPENSION

TAILLIGHT

TANDEM

TIRES

TRAILER

TRICYCLE

UNICYCLE

VALVE

WHEEL

ACCESSORIES

AXLE

BRAKES

CABLES

CALIPERS

CARRIERS

CHAIN

CROSS BAR

FORKS

FRAME

GEARSHIFT

GRIPS

HANDLEBARS

HEADLIGHT

HELMET

KICKSTAND

LIGHTS

LOCK

MOUNTAIN

MUDGUARDS

PEDALS

PULLEY

PUMP

RACING

REFLECTORS

RIDE

RIMS

Solution on page 169

Classic Beach Reading

AA MILNE

ARCHIBALD MACLEISH

ASIMOV

AUSTEN

BALZAC

BELLOW

CHANDLER

EDGAR ALLAN POE

EE CUMMINGS

EMERSON

EMILY DICKINSON

EZRA POUND

F SCOTT FITZGERALD

GERTRUDE STEIN

GINSBERG

GOETHE

HAWTHORNE

HENRY JAMES

HOLMES

HOMER

HUXLEY

IBSEN

JOHN STEINBECK

JOYCE

LONGFELLOW

MARK TWAIN

ORWELL

PROUST

ROBERT FROST

SAMUEL CLEMENS

SINCLAIR LEWIS

SOPHOCLES

STEPHEN CRANE

THOMAS WOLFE

THORNTON WILDER

TOLSTOY

WASHINGTON IRVING

WILLIAM FAULKNER

WILLIAM YEATS

WOOLF

WORDSWORTH

```
M Z F L O O W I L L I A M Y E A T S R L
V W H T R O W S D R O W V O M I S A E O
D N I S I N C L A I R L E W I S C M M N
O O G L I F S O P H O C L E S C L U O G
C S R N L E D G A R A L L A N P O E H F
G R E E I I L P N T H O M A S W O L F E
E E D S K V A C S I M R S U P B E C X L
R M L B X C R M A K M A U S T E N L X L
T E I I S R E I F M U M R M H L L E S O
R V W L N E G B N A D B U K M L I M T W
U T N H Y L Z R N O U L T C T O M E E B
D M O E E D T H E I T L A R E W A N P A
E Q T N L N I O A B E G K B L E A S H L
S S N R X A F C L W S T N N I L A I E Z
T E R Y U H T W K S T N S I E H E B N A
E M O J H C T O T I T H I N H R C W C C
I L H A P R O U S T N O O G H S J R R Q
N O T M R E C Y O J Y S Y R Z O A P A O
E H T E O G S E Z R A P O U N D J W N G
I E T S O R F T R E B O R N I E U D E R
```

Time Flies

```
Z U G Y G U E I O Z T M A R C H T N O M
E W X J X Y D V Q Y N Q T Q U A R T Z R
S R N W L A D N O C E S O R C I M L E A
X S O P A G S D N A H W E E K W F D Q D
J S U C N O I S I C E R P J O X L A O N
E Y E P S U N D I A L L O A O D A Y L E
J R Y C O I E N X M U I N N E L L I M L
E A B Q O C C O A L A R M U O R J C P A
P U T I E N K C S L V P I A C M L I N C
F R L M G F D E S W K A L R T P E R O N
F B B O H B A S T E R Q L Y O E A T V A
J E F J N S E O S W P I I L B N P C E I
R F G P O X B N T V A T S M E Z Y E M R
E W I N T E R A O C C T E T R S E L B O
D P J X O L T N P E G L C M W R A E E G
A A U C A B N W W N N Z O H B A R Z R E
C Q N G E N E R A T I O N C F E T S B R
E C E I P E M I T U R B D U K G R C I G
D N O W U B O S C R P F O R T N I G H T
R M G Z M U M B H Y S U M M E R G T D P
```

MONTH

NANOSECOND

NOVEMBER

OCTOBER

POCKET WATCH

PRECISION

QUARTZ

SCORE

SEASON

SECONDS

SEPTEMBER

SPRING

STOPWATCH

SUMMER

SUNDIAL

TIMEPIECE

WEEK

WINTER

WRISTWATCH

ALARM

APRIL

BIG BEN

CENTURY

CHRONOMETER

CLOCK

CUCKOO

DAY

DECADE

DECEMBER

ELECTRIC

FALL

FEBRUARY

FORTNIGHT

GEARS

GENERATION

GREGORIAN CALENDAR

HANDS

JANUARY

JUNE

LEAP YEAR

MARCH

MICROSECOND

MILLENNIUM

MILLISECOND

MOMENT

Beach Body

ABS

ANKLE

ARM

BLOOD

BONE

BRAIN

CHEST

CHIN

DIET

ELBOW

EYE

FACE

```
X G X G D L F Q F T H V C Z W S O M V C
U S K I N G I O S A Y L L U G T H R O P
S S W Z Q N D K G T D X J E V G F A K G
D F K E I N I H C Z V L L Y Z U V F N Y
M C I D A D B K G W Z B E E W T C S E D
S P T Z N T H N R L T D S S Y R C D U N
L S S E N T I F M H J O V P T S I R W A
Q A Y Z M T P N I O N R N Q B R A I N S
N B T F P F Q G G N U W J G N O A K H B
L W T L Y Q H A I R G T T F U E L E E K
M J U F A S H S E L F E H E Z E C X H N
U C R P Z C X L O J A S R I I A W K T D
S B D R A Y E I D G U I O J F D E N O B
C H O M O R C M H I P F A E K K T O O F
L E O Z Q J T H Z P A L T G K R H W T L
E T L U W O B L E K M L A H W H L C A N
S D B T L B T D N S I Y B C U K H W Q I
Q V W W M D O E I V T B Z I S M N E M P
S S Y N O U E W E T A P B N Y S B A D X
E A P T U O K R O W N H T Z C E C D T U
```

FINGER	KNEE	SCALP	THROAT
FITNESS	LEG	SCULPTING	THUMB
FLESH	LIVER	SHOULDER	TONGUE
FOOT	MOUTH	SKIN	TOOTH
HAIR	MUSCLES	SLIM	WORKOUT
HAND	NECK	STOMACH	WRIST
HEART	NOSE	SWEATING	
HIP	RIPPED	TAN	
KIDNEY	SANDY	THIGHS	

Solution on page 169

```
V K W S H L G S X L H K C O M M A H G R
C O C T T P T A O C B R I R L O U N G E
I I R R P S F S T F E A K C M D I E U C
N T G E O M K O N L T N R W K F H X M C
C S N E O S C A A O T B A B R B I V B O
I E I T L S S X T G R T A U E S A O R S
P S K H P G C C U E E K S L R Q D L E F
L S I O K K N K O R B E E E L Y U L L M
A A H C P H J I S U L O L L B E K E L O
Y L T K R U N L T T N K A O I F H Y A R
G G E E L U I O S A N T A R Y N Z B U U
R N N Y N D I A T I K R R G D Z G A G N
O U N C E I C S R N D S N Y N I V L U M
U S I S O D G P E I I I R F T I N L S O
N J S C N N S H N M M M B E W O N G T V
D H E A I H K G T M E U D C L D U N K Q
O A S T T E L C I S P O P A H L S R U O
N V A U S X N W A L K I N G B N O U L R
V O B K C K S U O J K A Z W S P I R T T
B X G N I K I B J H V J R Z Y O X Z W E
```

SAND CASTLES

SKATEBOARDING

SLIDES

SNORKELING

SOCCER

SOFTBALL

SPRINKLERS

STREET HOCKEY

SUNGLASSES

SURFING

SWIMMING

TAN

TENNIS

TRIPS

UMBRELLA

VOLLEYBALL

WALKING

WATER SLIDE

AUGUST

BADMINTON

BARBEQUE

BIKING

BOATING

BODY BOARDING

CROSS COUNTRY TOUR

CRUISE

HAMMOCK

HIKING

HOPSCOTCH

JET SKI

JULY

JUNE

KICKBALL

LATE NIGHTS

LOUNGE

MINIATURE GOLF

OCEAN

PICNIC

PLAYGROUND

POOL

POPSICLE

RELAX

ROLLER SKATING

RUNNING

Solution on page 170

Beach Camping

AIR MATTRESS

AXE

BOOTS

CABIN

CAMPGROUND

CAMPSITE

CANOEING

CLOTHES

COOKING

COOLER

CRAFTS

DUTCH OVEN

FLASHLIGHT

FOIL MEALS

GLOVES

HAMMOCK

HATCHET

HIKING

HOT DOGS

KINDLING

KNOT TYING

LANTERN

LATRINE

LOGS

MARSHMALLOWS

MATCHES

OUTDOORS

POCKETKNIFE

PONCHO

PROPANE

RAFTING

RAIN

REPELLANT

SHELTER

SKILLET

SLEEPING BAG

SOCKS

STATE PARK

STOVE

SUMMER

TENT

TRAIL MIX

WATER PURIFIER

WEATHER

```
R E M M U S K C O S E S G N X S V L C E
Q T T E L L I K S V K L E N I R T A L T
Q R E H T A E W O E M G U V D B M O H A
Y J A B E E C T R F T U N T O P A G O U
R Y P I L M S O I I Q E O I S L I C A B
P L R S N L G E O N S K H I E L G H M D
C Z O E A I O G H K D U T C H O V E N E
O S P H I O L W I T I E G S T B N U A A
O U A C R F F R C E O N A L K A O A X E
L D N T M C I R M K P L G E H R H S C Z
E Q E A A N A R S C F G C E G J U R R N
R I Q M T F F T U O Z E N P S P K O E K
E T N E T V A Z T P Z E M I O U H O P P
T C Z S R T O S R I R A S N Y L K D E P
L A N T E R N H A T C E C G T T O T L X
E W U P S E G N I K I H T B O D T U L R
H M A R S H M A L L O W S A A D M O A G
S R M O K G H A M M O C K G W N T H N H
K M G K I N D L I N G N I T F A R O T K
K I Q G U G C L X V F V K S R X X N H B
```

Solution on page 170

Beach Party

```
C Q B E R F H L C I V B F S Q D U K D W
F Z C P X L M O Y Q T F Q O Z A F L P G
P A L F R E I A C F O N R C E S T N Y W
K P H I T Y L I M A F F X U Q O G G V P
X W B V U P S A V H G S A P S D V V P H
T E R F C U S O R W M U M S T A E R T Y
X Q E T M C U F V E P U N C H S I E L L
N D D I T T P W A O G A M H Z Z Y I U H
C S I N V I T A T I O N S C E F F N A K
L X C Y U D H A P B C M I S N I K P A N
I D K J Q O T U G E A U A G R X P B J R
T H N N S O B E V E R A G E S Y I L C I
G D D C F V C L T D G W Y R N Y G B V
G N P H A F R M P A S O O H G C R N O M
U O I D F N S I S N R C C O L K E I N O
E P X G M K C T E K N A L B D F N C F B
S E J Q N N F C S N N G A M E S N N I G
T G U I I I D K G D D O P C W A A A R T
S K R C Q K S I Y A K S X I Z N B D E U
G D P Q H X A V S V E G M S K D J U G R
```

POTATO CHIPS

PRIZES

PUNCH

SAND

SINGING

SODA

SURF

SWIM

TREATS

BANNER	DANCING	HAPPY
BEVERAGES	DRINKS	ICE CREAM
BINGO	FAMILY	INVITATIONS
BLANKET	FIREWORKS	LEIS
BONFIRE	FOOD	MUSIC
CANDY	FRIENDS	NAPKINS
CARDS	GAMES	PAPER GOODS
CIDER	GINGER ALE	PICNIC
CUPS	GUESTS	PLAY

Solution on page 170

Beach Fun in the 1970s

```
S P E E D O S Y H U M B R E L L A H O E
V Y S I P S T R I N G B I K I N I S L E
F G D R G D M R X O B M O O B B E T L R
P G N I F R U S Y D O B Y H A H S H A E
P U A A M A S G L Q K B L C C A X Q B V
O B B H D O T K I B A Z H N C W G C Y H
N E D D L B A C O B N I U D A A B S E G
Y N A E B E C A G F H L N L C I T N L X
T U E T R I H S N X C A K O G I H R L S
A D H S I G E Y I I S M P S U A O E O L
I L W O G O S K N V A P U S Q N N T V W
L S L R H O C C N N E N D T Z T G T K G
S F O F T B I A A R G E R O R R S A M E
Y W T T C P I H T L T E S D E O M P T O
G N I K O M S O A E H B C A V P R Y T F
H A O P L V N S H W M S H K J I E K L D
Z C N C O E S C R A D I O L H C P N O O
B H D H R E O U O G W R L O O F E U E X
Z O C S S R I Y X F V F L P C L M F W E
C S A C C A M P F I R E S F F O T U C L
```

BABY OIL

BIG SUNGLASSES

BODY SURFING

BOOGIE BOARDS

BOOM BOX

BRIGHT COLORS

CAMPFIRES

COPPERTONE

CROCHETED SUITS

CUTOFFS

DR SCHOLLS

DUNE BUGGY

FRISBEE	NACHOS	STRING BIKINIS
FROSTED HAIR	PERMS	TANNING OIL
FUNKY PATTERNS	PICNIC LUNCHES	THONGS
HACKY SACK	POLKA DOTS	UMBRELLA
HAWAIIAN TROPIC	PONYTAILS	VOLLEYBALL
HEADBANDS	RADIO	WALKMAN
HIBACHI	SANDCASTLE	
LOTION	SMOKING	
MUSTACHES	SPEEDOS	

Whaling

```
E C V R X S F N L L P I V A G B T E Q C
E Q N E T H G I R F I U S H F X F T L K
G S I S N E L A H W M R E P S N X C G Z
R C A C K D A B S B L U B B E R G B N S
T L C Y S E A U G S E R U T L U C G I H
C R E W S L O N W B M H I B A X I M D O
H P T N E R I O G K S U R C H Z E S R R
X Q E E H E Y R E H S I F W A T Y E E
G P N G C O K L P F R X N R T U C E H L
O Y N T N O I T A V R E S N O C C L A L
F A A S G O L B C H L G D P L T P B R I
D C S A R I L E H A W S S D I N A A P V
R I E G N O T A I G V E M O P A C R O L
O N N U W A T C H T O W E R S R I E O E
G T I L C S R H M W E U C K A W F N N M
U T L E H E T E K C U T N A N H I L T D
E R A B M C O Q Y M Q C A K Z A C U I M
Y N C M M S C K Q A S Q M I O L Y V X O
S P O R P O I S E S A B O A T S E D O K
T C N I T X E D U I B A R R O W J P M C
```

NANTUCKET

NARWHALS

OIL

OPEN SEA

PACIFIC

PILOT WHALES

PORPOISES

ROMANCE

SHORE

SPERM WHALE

SPOUTS

VULNERABLE

WATCHTOWERS

YANKEE WHALERS

ARROW	COMMERCIAL	FRIGHTEN	
BALEEN	CONSERVATION	HARPOON	
BASQUE	CREWS	HERDING	
BEACH	CULTURES	INUIT	
BELUGAS	DANGEROUS	KILL	
BLUBBER	DROGUE	LINES	
BOATS	ENDANGERED	MEAT	
CATCHING	EXTINCT	MELVILLE	
CETACEANS	FISHERY	MORATORIUM	

Beach History

ARCADES

ATTIRE

BEACHCOMBING

BOARDWALKS

BOOKS

COASTLINE

CONCESSIONS

CONDOMINIUMS

CONEY ISLAND

COTTAGES

DEVELOPMENT

DRIFTWOOD

```
C O T T A G E S H I P W R E C K S G M I
S P O H S F R U S N O I S S E C N O C C
T S U N A M I S H I P A V I L I O N S E
S S R E F R U S E S U O H T H G I L K R
N D Z C Y W I I R E A L E S T A T E A U
O O R O F G D G N I B M O C H C A E B S
I O K A N H U R R I C A N E S S T H W A
T L O S O Z O Y L I M A F L A T S H K E
A F N T I B M S I R U O T N N T D A F R
C X P L T E F R O C G M D E E V R R E T
A S O I U E Y R E W O C M N G S A K H N
V H R N L S G X U S A N T T O H U H T E
L O T E L H G G J S O C E S W C G C A M
B T S R O A U S T R I R K Y P C E I B P
J E M O P R B L I T K O T I I J F Y N O
V L R S M K E V Y E O T R S D S I S U L
A S O I W S N B E B O A R D W A L K S E
F T T O T E U U U C T S E D A C R A D V
T A S N U T D P I E R S F A S H I O N E
T I D E E W A E S R X D R I F T W O O D
```

DUNE BUGGY	LIGHTHOUSES	SEAWEED	TENT CITY
ENVIRONMENT	PAVILIONS	SHARKS	TOURISM
EROSION	PIERS	SHIPWRECKS	TREASURE
FAMILY	PIRATES	SIGNS	TSUNAMIS
FASHION	POLLUTION	STORMS	VACATIONS
FLOODS	PORTS	SUNBATHE	WHARF
HOTELS	REAL ESTATE	SURF SHOPS	
HURRICANES	RESORTS	SURFBOARDS	
LIFEGUARD STATIONS	SANDCASTLES	SURFERS	

Solution on page 170

Coastal Erosion

```
B P E S P P M I S N M U L O C S V R R T
L P Z C I I D S M R O T S R E C E I F B
S Q G O L L L D C K P I K S O G N A R R
S K S P Y A U L A Y E R S R N C R I E D
O B C T V X Y F A S Q O R A I C D E D V
F M S O N E V V R R L O D D R G I G R S
T C M C R E Z O N E S T E O E B K A A R
E E C W I X R O D I W N T S D L A N H T
R V S I S M Y R O A T O O J I V O I H V
W W T N L C A N U S M N P I S I D A L F
Y N N D E U W N K C T A W V T H R R A L
H O E D N L A F Y C L A G I R A A D N C
C I M R N Q G R S D S A R E I B M E D L
O T I E U N N Z D H O T D Y B D A R F I
N C D D T G I S E Y T H J I U O T U O F
T A E G I F R D J A H C P N T Y I T R F
R E S I S T A N C E S A E R I L C C M S
O V B N V W E A C C R E T I O N B A S O
L A G G A U W K R U N B H M N M U R N J
Y W S Y Z Q Q L G O O E D W U Z G F J P
```

PILLARS

POWERFUL

REDISTRIBUTION

REMOVAL

RESISTANCES

ROCKS

SEDIMENTS

SOFTER

STORMS

TIDAL CURRENTS

TUNNELS

WASHED AWAY

WAVE ACTION

WEARING AWAY

WIND

ZONES

ABRASION

ACCRETION

ATTRITION

BAY

BEACH

BRIDGES

CLAY

CLIFFS

COLUMNS

CONTROL

CORROSION

DAMAGE

DANGER

DRAINAGE

DRAMATIC

DREDGING

DUNE

FORMATIONS

FRACTURE

HARDER

HYDRAULIC

INCIDENTS

LANDFORMS

LAYERS

LOSSES

MORPHODYNAMICS

MOTOR CRAFT

Coney Island

AMUSEMENTS

AQUARIUM

ARCADE

ASTROLAND

BASEBALL

BATHING SUITS

BEACH

BOARDWALK

BOATING

BROOKLYN

CIRCUS SIDESHOW

CLOWN

```
M S A N D N W N N D E D W O R C U N C L
S O L N R L Y O W S S K R O W E R I F H
C T F S S O I L U O B G N P G D H N U P
Y I N J M T C O K U L O N G I S L A N D
C E R E A U H P C O N C E R T S T F N E
L S M C M N I G O W O N D E R W H E E L
O B A J U E M R I P J R A X F R L R L P
N V A F Y S S Q A L I R B T E E J G C O
E Q S T Z S S U R U C E A L R T F S A E
K E T L H J Y I M A Q N R J R S A U K P
U T R L Z I D E D A R A P D I A M R E M
Y F O R T U N E T E L L E R S O I F S P
C Y L N M G A G K N S Z Z F W C L A U G
F R A E V O C I S G H H L D H R I V M N
I R N W V D N X P U N C O O E E E E M H
S E D Y T T O C G I I I A W E L S N E W
H T O O B O T O H P Y T T E L L G U R D
I A T R T H T L L A B E S A B O C E A N
N W O K V B O A R D W A L K O R I D E S
G J A M A I C A B A Y G K B D B F A M O
```

CONCERTS

COTTON CANDY

CROWDED

CYCLONE

FAMILIES

FERRIS WHEEL

FIREWORKS

FISHING

FORTUNE TELLER

FUN HOUSE

FUNNEL CAKES

HOT DOG

JAMAICA BAY

LIGHTS

LONG ISLAND

MERMAID PARADE

NEW YORK

OCEAN

PEOPLE

PHOTO BOOTH

PIER

POPCORN

RIDES

ROLLER COASTER

SAND

SUMMER

SURF AVENUE

VACATION

WATER

WONDER WHEEL

Solution on page 170

Lighthouses

```
C A L F N M W D C K O G M T B H Z X I N
S C X W I N D O W S R O L I A S H V V G
W T I S S E N K R A D Q B R R L E A S E
S F S R H E E C L E X S B T A R L D C C
B R S I C K A S A Q R O T C T E O N L D
O S E L R U R R L P R O I I R H A R A H
A H S W A U L I C F T R C T X T K N S P
T G R R O O O A K H D A L K S A G P M G
S W O E E T H T R N L L I I S E D I U G
H A T C Q T P S I B A I D N R W G F R L
I V C K L X R L E T I M G N A D N D O P
P E E A O T Y A S K B R H H R A I V T H
W S L G O C M R U T B N A C T B N C A S
R E F E K L O I B Q A B D L T U R Z T D
E A E N O T Y P L V G I O R A A A W E O
C S R O U G H S E A S N R L C R W O C C
K I O C T M P G Q U N P I C D B M R R Y
S D I A L A N O I T A G I V A N A E C O
K E J E V G J A I N G C I X I S W C N W
Y C W B W G R S S T O R M S H L E G N C
```

ALARM	CYLINDRICAL	MIRRORS	SEARCHLIGHT
ALERT	DANGER	NAVIGATIONAL AIDS	SEASIDE
BAD WEATHER	DARKNESS	NIGHT	SHIPWRECKS
BEACON	DISTANCE	OCEAN	SHOALS
BOATS	GUIDE	REFLECTORS	SIGNAL
CAPTAIN	HARBOR	ROCKS	SKY
CIRCULAR	HAZARD	ROTATE	SPIRAL STAIRS
CRASH	LIVING QUARTERS	ROUGH SEAS	STAIRCASE
CREW	LOOKOUT	SAILORS	STORMS
			TALL
			TOURISTS
			TOWERS
			VERTICAL BEAM
			WARNING
			WATCHMAN
			WAVES
			WINDOWS
			WRECKAGE

Beach Fun in the 1800s

BATHING CAPS

BEACH CLUB

BEACHWEAR

BLANKET

BOARDWALK

BOATING

CAROUSEL

CHILDREN

CLAMBAKE

CLOTHING

CONEY ISLAND

FASHION

FINE DINING

FISHING

FLANNEL

HEAVY GARMENTS

HOTEL

KINETOSCOPE

KNIT SWIMWEAR

LONG SLEEVES

MISTY FOG

PANTALOONS

PICNICS

PULLMAN

RAGTIME

RAILROAD

RECREATION

RESORT

SALTWATER TAFFY

SALTY AIR

SAND

SEA BREEZE

SEAGULLS

SEASHELLS

SEAWEED

SHIPWRECK

SUMMER COMMUNITIES

TRAVEL

TROLLEYS

TROUSERS

VICTORIAN

WAVES

WAX MUSTACHES

WHARF

WHITE CAPS

```
F I S H I N G N K C E R W P I H S R D W
H L E S U O R A C S D N A S G P V E F H
O X A P K B X B Q H E G E Z A M E S L A
T R B U L C H C A E B V N C Q W E O A R
E R R L A L R W D T A C E I A I Q R N F
L Y E L W A D P A W H T H E T S D T N S
E F E M D M H I O X I I S I L A F O E A
V F Z A R B E C G H M L N K L S O A L F
A A E N A A A N W L L U N G E D G B I O
R T M G O K V I O E M I S P C U R N C S
T R I O B E Y C H M T N O T L A E E O A
R E T F H Z G S O S O C E L A D P E N L
O T G Y P S A C W I S K S J I C O S E T
U A A T L E R I T O N F C N B V H Q Y Y
S W R S S E M A T A N O I H S A F E I A
E T E I M W E E L P A N T A L O O N S I
R L C M E R N B G M G N I H T O L C L R
S A U A C I T V E E Q B E A C H W E A R
G S R E K G S D C R V I C T O R I A N Q
V K R A I L R O A D T R O L L E Y S D S
```

Solution on page 171

Old Fashion

```
T T T T A F F E T A D C D N A M S I L K
O M B A N D E A U H L F O J M H K B Y V
R D I N N H H S P O R T S W E A R K C N
S R Y K P K L O T S T E K C A J T Y R Z
O A O S D S T H D O W E S S E L K C A B
F T T U K R T O C R K I P L E N N A L F
M I O I E L V R P C A A M N X G O U E Y
S N L T N J G I O M G T A D J Q S L W T
F U L L L E N G T H S T O Z R R P A Y S
Z A I L A I V I E S S E L E V E E L S N
H S A C K E U T M A C D L T L G S F N P
B W M I L S T O L E A V R O L T L S O B
C G B V M I O E I C Q I T A S U D C F M
O L E I S T Q P Y I H D M M O I A M F O
D T W T H A E N O S U O L B H B M B I D
E S R G S N R A C E R B A C K L R A H E
E A A J O U S N W O G O N F A B R I C S
P E G N I L F F U R G K Q W E T S U I T
S V T U N I C S E L I T X E T U V F Z Y
G V E E O S N B Y V U Q A S N P R L I L
```

SILK

SLEEVELESS

SMOOTH

SPAGHETTI STRAP

SPEEDO

SPORTSWEAR

SWIM DRESS

SWIMSUIT

TAFFETA

TANK SUIT

TANK TOP

TEXTILES

TORSO

TUNICS

UNITARD

VELVET

WETSUIT

BACKLESS

BANDEAU

BIKINI

BLOUSON

BOARD SHORTS

CAMISOLES

CHIFFON

CLOTH

COTTON

ELASTANE

FABRICS

FLANNEL

FULL LENGTH

GLAMOROUS

GOWNS

HALTER TOP

JACKET

LEOTARD

LYCRA

MAILLOT

MODESTY

NYLON

ONE PIECE

RACERBACK

RUFFLING

SATIN

SHIRT

Solution on page 171

Beach Cars

```
H R Y R A D I O S R M P E E B P E E B D
N M U S C R J D M U E P R E Q P M U P L
Z P R T O I A Z S K O D H M U S T A N G
J G T U M B G C S T A T I O N W A G O N
W A E D P R L N G O A C C R O S C T B W
W E L E A E P A G E O E W P W D G E I D
Q G O B C D R Y N N C D O R T O H L G R
W W I A T N Y D V U G N I C A R L O E I
Q K R K S U J E E P W R A N G L E R N B
K V B E C H R D C G F O E M K Y U V G E
W T A R A T E O L P R O O L R O G E I R
Z L C K I L P D A F V A R D T O H H N I
D O E B T A O G S U H G H D I E F C E F
N C L T N U N E S K H G N C F E E R R O
W E I R O Q Y D I T B A R Z O A Q B E Y
W L B A P D C A C A R C L U B B L A T P
L A U N A M A R S G C O R V A I R C R N
R D G S P O R T S C A R S U B W V U O G
J P G A L N E G A W S K L O V Q C F T N
F R Y M I R E T S D A O R A M B L E R F
```

BEEP BEEP

BEETLE

BIG ENGINE

BUGGY

CABRIOLET

CAR CLUB

CHEVROLET

CLASSICS

COMPACTS

CONVERTIBLE

CORVAIR

DODGE DART GT

FIREBIRD

FORD FALCON

GRAND TOURER

HOOD

HOT ROD

JEEP WRANGLER

LITTLE DEUCE COUPE

LOWRIDER

MANUAL

MUSCLE CAR

MUSTANG

PERFORMANCE

PONTIAC

PONY CAR

RACING

RADIOS

RAGTOP

RAMBLER

RETRO

ROADSTER

SPORTS CARS

STATION WAGON

STUDEBAKER

SUV

THUNDERBIRD

TRANS AM

TURBOCHARGED

VOLKSWAGEN

VW BUS

WOODIE

Solution on page 171

Beach Evolution

```
E G Q V S D O O L F A S R Z L I A O X W
B J V M E S C F G G A C X Q O A T I M E
J L T U D I S M K N M G W A V E S X I A
N A E I A L T I D A L S U R G E A Z M T
O U V V C T I N O I T E R C C A T I A H
I D O U E S Y T Y X S S H O R E L I N E
S A L L D L S C T Y T T E J J A E S U R
S R C L R B A U Y O F X R R C S D T S C
E G A A T W R E B C R Q D I U V T A T O
C E N T U R I E S S L A G L B B T B E A
E H I B R I P R A P I O L Z V U B I G S
R U S T J P R I S K L D N D V D T L S T
U R M J R Y K K T O W N E E R S F I E L
S R R E V E T M E N T A I N S I L Z O I
S I E C H A N G I N G L T I C T F A R N
E C A T A S T R O P H I C E V E N T S E
R A A K J G H E K A U Q H T R A E I U Q
P N O I S O R E T F I L P U G S T O R M
S E D I M E N T S D G N I R O H C N A Y
P D D G A N U J V A B X X E N I N B V U
```

RUBBLE

SAND

SEA LEVEL

SEDIMENTS

SHORELINE

SILT

STABILIZATION

STORM

SUBSIDENCE

TIDAL SURGE

TIME

TSUNAMI

UPLIFT

VOLCANISM

WAVES

WEATHER

ACCRETION

ALLUVIUM

ANCHORING

BREAKWATER

CATASTROPHIC EVENTS

CENTURIES

CHANGING

COASTLINE

CYCLONES

DECADES

DELTAS

DISTRIBUTION

EARTHQUAKE

EROSION

FLOODS

GEOLOGICAL

GRADUAL

HURRICANE

JETTY

LAND

LITTORAL DRIFT

PRESSURE

RECESSION

REVETMENT

RIPRAP

RISK

Submarine History

BATHYSCAPHE

BOURNE

BULKHEAD

CIVIL WAR

CONDENSER

CONTROL ROOM

CRAFT

CRUISE

DEPTHS

DIESEL

DIVING BELL

DREBBEL

FLACH

FLEET

HATCH

HULL

JULES VERNE

LID

MILITARY

NAUTILUS

NAVIGATION

NUCLEAR

OCEAN

PERISCOPE

PLONGEUR

POWER

PROPULSION

PROTOTYPE

SAILOR

SEAWOLF

SHIP

SONAR

SUBMERSIBLE

SURFACE

TORPEDO

TURBOGENERATOR

UNDERWATER

USS GRAYBACK

```
D S A W Y Z O R U E G N O L P L D C G J
B Z Y I O V D Z N S O D E P R O T R S N
Y B F D Q V N F L O W A E S O K A U T Z
G Z F H X U U D U O I F L S T M L I F A
O P U J C U E G R C L S V R O I K S A O
E E A L U P N J N E A L L S T N L E R P
B T E S T N V D E A B Q U U Y E A Z C J
Y A P H X K W T E N L B A H P P E R O Q
R R S I P V T C D R M N E Q E O N A N P
Q A A P J A M J R E W O P L K C R M D Z
B B I T C C C O R E C A F R U S E P E L
G I L M I U S S O N O I T A G I V A N I
W X O O V L I B Y R Y B S E V R S B S D
J E R Y I B I Y J H L M F H R E E O E I
O M H V L O F M P X T O X X B P L U R E
J G A E W L K C A B Y A R G S S U R F S
X Z T D A E H K L U B M B T L P J N P E
Q X C C R H J T X H D I V I N G B E L L
T I H T U R B O G E N E R A T O R X H C
E E Z N T I O W D W U S C O N U C L U O
```

Solution on page 171

Chapter 12: VACATION AT THE SHORE

```
W W V V Y F W E M J J O N U O Q U A W N
H M E N I H S N U S W I M M I N G M C S
L P V E G A G G U L A U N F Z M P F I W
H E D A Y T O N A U S T I U S M I W S C
C U V A R E S O R T M E X I C O K T U O
S X T A W C G N I Y A L P Y O N N P M F
D U F O R T L A U D E R D A L E A U J X
N S N E T T A B T W L V F Q D R G C F Y
E A E G V E H Z O I U E R U T N E V D A
I N I V L U E T K B U N T Y T L S T A W
R D Z O G A H N O R O S I A O C E A N A
F A O L G C S Y A I E N G T N K B P C T
G L Q L A I S S T G G L F N C L Y I I E
N S G E I D R A E A E A A I I C E R N G
S L B Y P O C L S S D R T X R H L T G I
V B N B M A L C S I K E S S I E T D O D
E S U A V O R L R I N I K I B N S A H H
E U N L C A B O S A N L U C A S G O B P
A C P L C E L O L C Z S A I R F A R E F
E X I D Z F U P O G V Y V B S K H Y S O
```

Spring Break

PLANE TICKET

PLAYING

POOL

RELAXING

RESORT

ROAD TRIP

ROMANCE

SANDALS

SUNGLASSES

SUNSCREEN

SUNSHINE

SWIMMING

SWIMSUITS

TAN

TEENAGERS

TRAVEL

VACATION

VOLLEYBALL

ADVENTURE

AIRFARE

BARS

BATHING SUIT

BEACH TOWEL

BIKINI

BONFIRES

BOYS

CABO SAN LUCAS

CANCUN

CLUBS

COLLEGE STUDENTS

CRAZY

DANCING

DAYTONA

FLORIDA

FORT LAUDERDALE

FRIENDS

FUN

GET AWAY

GIRLS

HOTEL

LUGGAGE

MEXICO

MUSIC

OCEAN

PARTYING

Solution on page 171

Summer Vacation

AIRPLANE

AMUSEMENT PARK

AUTOMOBILE

BOATING

BUS

CAMERA

CANCUN

DRIVE

FOOD

FRIENDS

FUN

HAT

HISTORICAL SITES

HOLIDAY

HOT TUB

JULY

JUNE

LEISURE

LEMONADE

MOTEL

NATIONAL PARKS

POPSICLE

RECREATIONAL VEHICLE

RELATIVES

RESERVATIONS

RESORTS

RIVER RAFTING

ROLLER SKATING

SCENIC ROUTE

SKATEBOARDING

SKY DIVING

SNOW CONES

SPRINKLERS

SUNGLASSES

TAN

THEME PARK

TIMESHARE

TOUR

TRIP

TROPICAL

UMBRELLA

VISIT

VOLLEYBALL

```
R A U H S K Y D I V I N G S J A H R V S
T O O D P N E J L L A B Y E L L O V A D
S I L S T R O S E R H F V S C L T R I P
H K M L Y G N I T A O B S S C E T S N W
N R A E E D L E T O M D K A J R U S U B
Q A I T S R K S D A N U M L C B B C S H
Y P R R E H S S P E V E J G A M W E E W
I E P O L B A K I R R R L N M U T N N T
D M L P I C O R A A I E E U U I O I O O
V E A I B E F A E T M N T S S L U C C W
N H N C O R Y P R O I T K L E W R R W X
C T E A M U T L N D O N A L M R Y O O R
Q F F L O S Q A U J I C G N E K J U N E
V I S I T I D N N J I N P R N R F T S O
U R N N U E Y O T R V V G O T L S E H K
D R U A A L T I O E L C I S P O P C W L
R F C R E L A T I V E S T Y A D I L O H
I I N D W P S A G N I T F A R R E V I R
V J A I V I C N K A J B M F K E P C T P
E L C I H E V L A N O I T A E R C E R F
```

Beach Bus

```
O T E K C I T N D E T I M E T A B L E H
H R P D L O C A L T R A N S I T E R A F
V A T U T S W G R E A U E R L I N R V D
J N E E B B S O I J N S T S I V C E F M
Z S T F M L L U Q N S D H R S D H V L Q
S F U W P L I F F O P O R D A I E I J I
Y E O B E O D C L O O H C S C P S R S E
A R R Y R W B I T B R H Y L I G E D U M
W E S O P U N W U R T A E M R K D D B L
L X W I Y E O S C H A R T E R B U S E D
I P X B U S S T O P T N Y I P P P X L C
A R B D S H Y P C I I H S H I I A E T C
R E K C E D E L B U O D N I N C S W T B
T S I L S A D A W U N A N Y T K S U U X
Y S T I U O R O N M C J H C E U E W H B
L E G Q B R X D C O A C H R R P N U S Q
R M W P I N T E R S T A T E C S G S I P
L Z E V N N Z P Z Z N W Y Z I C E S B G
S T A T I O N W M G N E K O T D R A O B
C L N X M S C H E D U L E I Y E H I X Y
```

ARRIVAL

BENCHES

BOARD

BUS SHELTER

BUS STOP

CHARTER BUS

COACH

DEPARTURE

DOUBLE DECKER

DRIVER

DROP OFF

EXACT CHANGE

EXPRESS

FARE

GREYHOUND

INTERCITY

INTERSTATE

LINE

LOCAL TRANSIT

METRO

MINIBUSES

PASSENGER

PICKUP

PUBLIC TRANSIT

RIDER

ROAD

ROUTE

SCHEDULE

SCHOOL

SEAT

SHUTTLE BUS

STATION

TICKET

TIMETABLE

TOKEN

TOUR BUS

TRAILWAYS

TRANSFER

TRANSPORTATION

TROLLEYS

VEHICLE

Solution on page 172

Beachwear

BANDANA

BATHING SUIT

BEACH TOWEL

BIKINI

BONNET

CAPRIS

COVER UP

CROCS

FLIP FLOPS

FLOPPY HAT

GOGGLES

HAWAIIAN SHIRT

```
X S S F G B E G D H J R P F E V K O S C
H U T P P T E Z Z I K V V P L S P M L K
H Y A R M Y P M Q Q G C M N K Z E L A C
N S G N O H T B E A C H T O W E L P D O
S A P U C H S W I M T R U N K S H O N L
K Q T R I H S E E T I U S G N I H T A B
C K O W A T E R S H O E S O R N E K S N
O C S U M O E J S F J Z E O D S C N W U
S M G W V F B N L S S U S K N E G A T S
P I S C W L A O N R E I S E E N E T I E
Q N X O A I P I B O V M A S E E K P U L
Z I U F I P A J T B B K L V E E T F S G
X K J A Y F R S W A E U G H W R D G T G
C N W H Z L B I V R N R N I I C D J E O
W A A G J O Z A S B M K U K I S H N W G
H T B C D P U R E V O C S P P N R X U N
U Z T I U S M I W S B P O U W U I W D S
N R N G Y A N A D N A B K D I S J K R X
V S A R O N G N I R E O T M F T D B I T
D V X U H X O T W D P X E Q L Z Z R E B
```

SANDALS

SARONG

SHORTS

SNEAKERS

SOCKS

SPEEDOS

SUNBLOCK

SUNDRESS

SUNGLASSES

SUNSCREEN

SWIM TRUNKS

SWIMSUIT

TANK SUIT

TANK TOP

TANKINI

TEE SHIRT

THONGS

TOE RING

VISOR

WATER SHOES

WETSUIT

WRAP SKIRT

Road Trip

```
B E G V B C S T A R T E R H W H E E L F
M L N D K A L P D O O H F V L T L E U W
L C I I O C T U O H E A D R E S T S X R
I I P I L O A T T T N O D F F O E P U A
Y H M A P J F Y E C S D A S H B O A R D
H E A C E L T T O R H T T K I A K R H I
I V C E X H A U S T Y B S C N G Z T N A
G L O V E C O M P A R T M E N T N T T T
N A M A R E F Y F I F Y E H R J W S R O
I N B C E T A L P E S N E C I L I I S R
T O U A T U L S N A N O T S I P N R E Z
I I S T E O C Y L I N D E R Z A D U M P
O T T I M R W J S E A T B E L T S O A S
N A I O O C P A R K I N G L I G H T G K
N E O N D I N D I F F E R E N T I A L C
I R N X E N A V I N I M L V X G E B E A
C C Q T E E T H G I L L I A T U L Y V N
B E I T P C T L R E T S O R F E D E A S
H R N S S S Q G N I E E S T H G I S R X
E A G I F E N D E R E T E M O H C A T L
```

REST STOPS

ROAD SIGNS

SCENIC ROUTE

SEAT BELT

SIGHTSEEING

SNACKS

SPEEDOMETER

STARTER

TACHOMETER

TAILLIGHT

THROTTLE

TIRE

TOURIST TRAPS

TRAVEL GAMES

TRAVELERS CHECKS

VACATION

WHEEL

WINDSHIELD

ANTENNA

BATTERY

CAMPING

CLUTCH

COMBUSTION

CYLINDER

DASHBOARD

DEFROSTER

DIFFERENTIAL

EXHAUST

FAST FOOD

FENDER

FUSE

GLOVE COMPARTMENT

HEADREST

HOOD

HOTEL

IGNITION

INN

LICENSE PLATE

MAP

MINIVAN

PARKING LIGHT

PISTON

RADIATOR

RECREATIONAL VEHICLE

Solution on page 172

Suntan

BATHING SUIT

BEACH TOWEL

BEACH UMBRELLA

BIKINI

BRONZE

BURNT

CANCER

COCONUT OIL

COLOR

COVERAGE

DARK

ERYTHEMA

```
Z B K P P Z N V D W E A T H E R W M C G
O I Z P I T K C O L O R M A L A W F E C
B L E S Z G M S H I P A B E H U N L S S
G E I Z W L M W U O Z A U B H L S V E M
U W A W N I U E O N T Q I O R T G L L V
G O R C R O M L N A B K C N I R Y Z K E
O T N E H T R T D T I U P N A A D R C P
J H W M C U L B R N N P R D H V X A E R
T C P O S N M V I U I R U N C I S K R Q
J A N I E O A B U S N A U I E O U E F K
T E I S S C L C R L L K S B G L N X P F
U B K T S O V P O E B E S J N E S Z T G
H M S U A C H T X Y L H V Z U T H A S A
G S G R L E I P M K A L W V O L I M B J
O S N I G O O B N D D N A S L I N O U W
L L I Z N S Q I E C O V E R A G E N C V
D O L E U S R J T I U S G N I H T A B E
E T E R S W D E B G N I N N A T E L C U
N E E R C S N U S B P T A N L I N E F D
D M P L Y Q T S Q Q T L F P S U M M E R
```

FRECKLES	PAIN	SUNGLASSES	WRINKLES
GOLDEN	PEELING SKIN	SUNSCREEN	
GRADUAL EXPOSURE	PIGMENT	SUNSHINE	
HAT	POOL	SUNTAN OIL	
HOT	SAND	SWIM TRUNKS	
LOTION	SHADE	TAN LINE	
LOUNGE CHAIR	SPF	TANNING BED	
MELANOMA	SUMMER	ULTRAVIOLET LIGHT	
MOISTURIZER	SUNBURN	WEATHER	

Seaside Hotel

```
F V O A R X O G F G D M I V L D D H N K
C H D N H Y E E N W S I N D G U E S T S
H V F C D T I R E P J A N E I Y X Y T W
E G A G G U L E E P P O H S T F I G S I
C Z E C N E R E F N O C E I S B N N E M
K T O U R I S T E T T J L G R O O M S M
O S B E D A N D B R E A K F A S T H D I
U A E T I U S O J G T M L F A G X O T N
T K E D M N L K I I O L N E N M N L O G
A O T T U T R P T B O S I V A O I I P
N P N T X N T S E B I R G A H N T D N O
C H A U W I O L R T U D C G W A L A N O
K O R P P H I R A O O A N A D G I Y K L
M Y U O E S R V F L T I N O J E H I E O
T M A H R R R P G I K A M W C R H N E B
L M T L U E A G O O M M V S C R J N P B
M E S L S S M N O R O O J E X Z I I E Y
J X E E I O H B O C G C H I L D C A R E
K L R B E R H O C X M S R E L E V A R T
G T G N L T D A Y S I N N O X V B G K V
```

MOTEL

RENTAL

RESERVATION

RESORT

RESTAURANT

ROOMS

SUITE

SWIMMING POOL

TOURIST

TRAVELER

VACATION

ACCOMMODATION	DAYS INN	HOSPITALITY
AIR CONDITIONING	DOORMAN	INNKEEPER
BAR	ELEVATOR	LEISURE
BED AND BREAKFAST	FOUR SEASONS	LOBBY
BELLHOP	FRONT DESK	LODGING
BOOKING	GIFT SHOP	LUGGAGE
CHECKOUT	GUESTS	LUXURY
CHILDCARE	HILTON	MANAGER
CONFERENCE	HOLIDAY INN	MARRIOTT

Get Away

AMUSEMENT PARKS

AUTOMOBILE

BEACH

BICYCLING

BOATING

BUS

CAMERA

CAMPGROUND

CARNIVAL

CASH

CRUISE

CUSTOMS

DISNEYLAND

FAMILY

FISHING

FLIGHT

FREEWAY

FRIENDS

FUN

HIGHWAY

HISTORICAL SITES

HOLIDAY

LEISURE

MINIVAN

MOTEL

PACKING

PASSPORT

PICTURES

PLEASURE

RELATIVES

RESORTS

RESTAURANT

RIDES

ROAD SIGNS

SKY DIVING

SWIMMING POOL

TAN

TENT

THEME PARKS

TIMESHARE

TOURIST TRAPS

TRAVEL GAMES

VISIT

```
R C X F T T V P Q S W Q P L E A S U R E
Z A S I E O E Y L I M A F L I G H T W D
U U T E N U G N I H S I F D F A U G Y W
J V R V T R A V U S L J R S S F P N Z D
V O O C N I W Y P F O P V K K Y I I V S
C W S Z A S S O T I O C W R R C C L I F
R K E B R T R L R B P A A A A B T C C R
U I R K U T A B A E G M U P P O U Y D I
I C Y J A R I N V C N P T E T A R C D E
S A U P T A P B E L I G O M N T E I F N
E M M Q S P V R L P M R M E E I S B R D
M E O B E S A A G F M O O H M N N E E S
I R T T R H V M A N I U B T E G J E E B
B A E W S I B G M H W N I Y S K R V W E
X P L E N U N O E O S D L M U I I X A A
R Y M R W I C E S L T A E Q M T H R Y C
O I A S K Y D I V I N G C Y A W H G I H
T C D C S N G I S D A O R L W P X L C H
W A A E M I N I V A N S E R U S I E L Y
B P B U S E V V H Y A R V A W K V K K S
```

```
P Y E E M Y B N S J I T V Q S E V L E V
D K N C M W T E H U I E D I T E L U Y C
S R F P H M R D O D R E E D N I E R C W
I B S N V I A A P E T I N S E L D Y U L
S U T L U S Z S P A N G E L S C C E N E
B E L I H T E V I P H S T N E M A N R O
O C I E K L C S N V I U G H R I N M E N
O D R K D E Q R G Y R N B C P L D I C Z
G K T N O T G T A K B A G M E K Y H N D
A Y A H O O R G E C S Z G P T D C C A S
R C G V I E C Y N M K U B F A Z A H D M
U F Y A C K Y V G O O E A E L P N H I U
D D J N B B S F I S G C R L O V E C Q L
O C A E G T F Z V L R B W Y C E E R T P
L R S Q E L F Z I L R X L S O A P G C R
P I R T C O E I N E Q I Y C H C T R S A
H B Z X H X U E G B M O L P C Q R N T G
H B B I R G V N N A T I V I T Y O C A U
S O Z Z G N I F F U T S L D O N N E R S
W N C X C G M L E W R E A T H E P N C D
```

PRESENTS

REINDEER

RIBBON

RUDOLPH

SANTA CLAUS

SHOPPING

STAR

STUFFING

SUGARPLUMS

TINSEL

TOYS

TREE

TURKEY

WRAPPING PAPER

WREATH

YULETIDE

ANGELS	DASHER	LIGHTS
BELLS	DONNER	LOVE
BOW	EGGNOG	MILK
CANDLES	ELVES	MISTLETOE
CANDY CANE	FAMILY	NATIVITY
CHIMNEY	GIFT BAG	NOEL
COMET	GINGERBREAD	NUTCRACKER
COOKIES	GIVING	ORNAMENTS
DANCER	HOT CHOCOLATE	PRANCER

Air Travel

AIR TRAFFIC CONTROL

AIRCRAFT

AIRLINES

AISLE

BAGGAGE CLAIM

BLANKET

BOARDING PASS

COFFEE SHOP

CONCOURSE

CONTROL TOWER

DESTINATION

DIRECT FLIGHT

DUTY FREE SHOP

EMERGENCY VEHICLE

ENGINE

ESCALATORS

FIRST CLASS

FREIGHT

GATE

GIFT SHOP

HEADSET

HOTEL SHUTTLES

HUBS

INTERNATIONAL

KITTY HAWK

LANDING

LAVATORY

LUGGAGE

MAGAZINE STAND

MOVIES

NAVIGATOR

OVERHEAD BIN

OXYGEN MASK

PROPELLER

SECURITY GUARD

SHORT TERM PARKING

SNACK

STABILIZER

TICKET

TRAY TABLE

VISITOR INFORMATION

WING FLAPS

```
I C E L B A T Y A R T P R O P E L L E R
I N T E R N A T I O N A L A N D I N G R
G P O V E R H E A D B I N L U G G A G E
E N G I N E D N A T S E N I Z A G A M Z
D Q X I T O H O T E L S H U T T L E S I
G N I K R A P M R E T T R O H S R U T L
O X Y G E N M A S K C A N S T G B T H I
D P O H S E E R F Y T U D Z E I O S G B
J R N L A V A T O R Y T P N K F A R I A
D E A I R T R A F F I C C O N T R O L T
C W V U E L S I A C N Y L C A S D T F S
A O I A G P B G K C V I T J L H I A T P
I T G V H Y A E J E U E R E B O N L C A
R L A K I T T Y H A W K U O S P G A E L
L O T D E S T I N A T I O N T D P C R F
I R O U E S C E R T F A R C R I A S I G
N T R I B L E S R U O C N O C U S E D N
E N V U E I S S A L C T S R I F S I H I
S O H J R T M I A L C E G A G G A B V W
M C T H G I E R F P O H S E E F F O C H
```

```
I C E L Z A T Y A R T P R O P E L L E R
I N T E R N A T I O N A L A N D N I G R
G R O V E R H E A D B I N U O G A G E
E N G I N E O N A T S E N I Z A G A M Z
D O X I T O H O T E Y S H U T T L E S I
G N I K R A P M R E T T R O H S R U T E
O X Y G E N M A S K C A N S T G G T H I
D P O H S E R R Y T U D Z E I O S G B
J R U C A V A T O R Y T P N K K A R T A
D E A I R T R A F F I C C O N T R O L T
C W U J E L S I A C N Y U C A S T E P S
A O I A G R R B W O V I T L I H N I A P
L T O V H Y A E J E U E R R B O N I C A
R I A K I T T Y H A W K U S P G A E B
D T O E 3 T N A T T O N T D P C R E
R O U E B C E E T R A R C R I A S I G
U E T B L E S A U O C N Q O U S B D N
E N V U E I S S A L C T S R I F S I H I
R O L J R T M I A E O R A C G A G E V W
I M C I T I J E R F R O R H E E F F O C H
```

ANSWERS

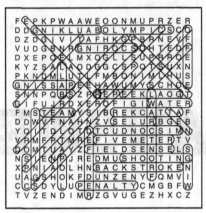

Water Polo

Snorkeling

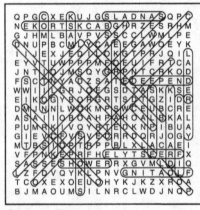

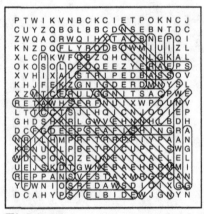

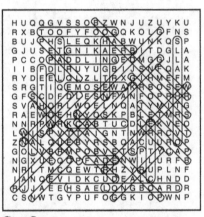

Swimming

Fishing

Surfing

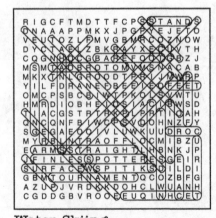

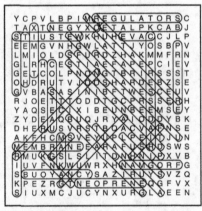

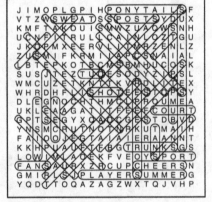

Water Skiing

Scuba Diving

Beach Volleyball

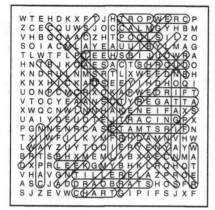

Sail Away

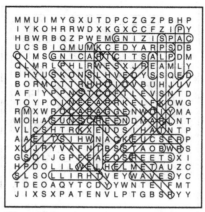

Kayaking

Chapter 2:
Sea Life

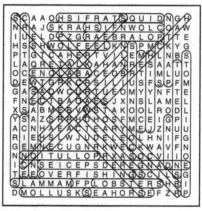

Marine Biology

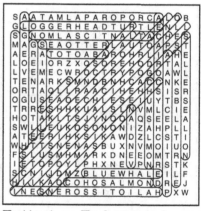

Extinct or Endangered

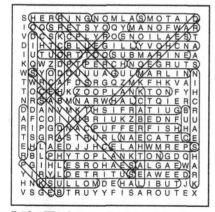

Life Underwater

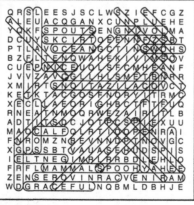

Dolphins

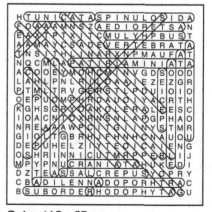

Scientific Names

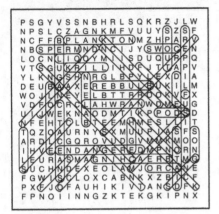

Whales

Coral Reefs

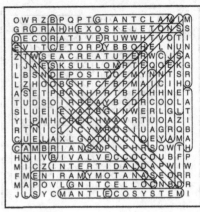

Seashells

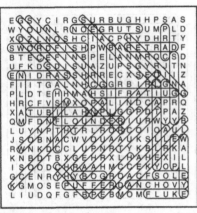

Fish

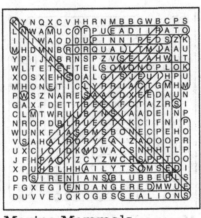

Marine Mammals

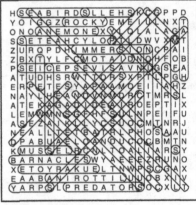

Intertidal Zone

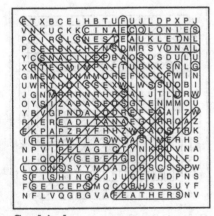

Seabirds

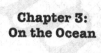

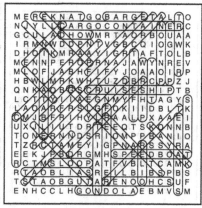

Types of Boats

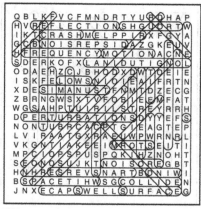

Waves

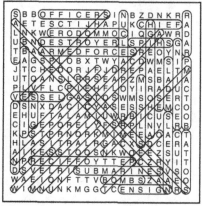

The Navy

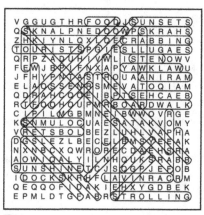

Piers

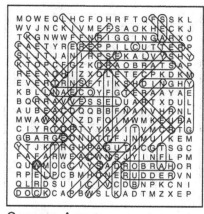

Oceans Away

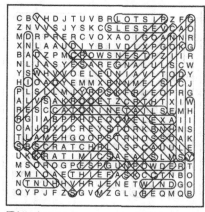

Pirates

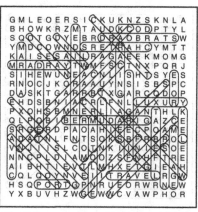

Yachts

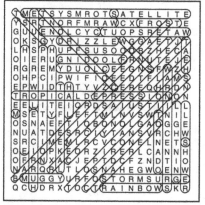

Ocean Weather

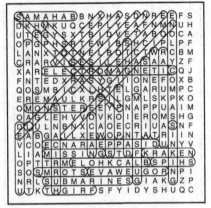

The Bermuda Triangle

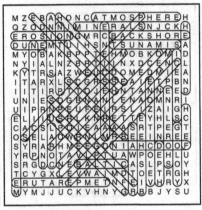

Oceanography

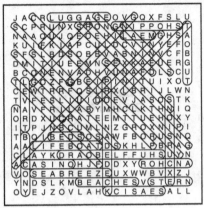

Cruises

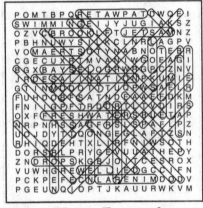

Water Water Everywhere

**Chapter 4:
America's Beaches**

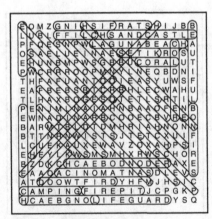

California Coast

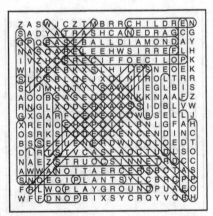

Beach Park

Chapter 4: America's
Beaches (continued)

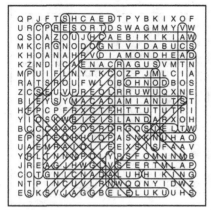

Hawaii

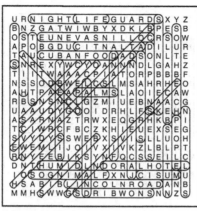

Miami Beach

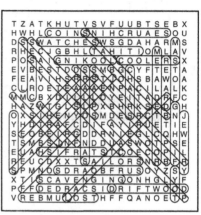

Beachcombers

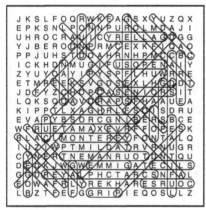

Pebble Beach

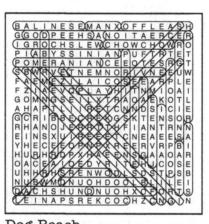

Dog Beach

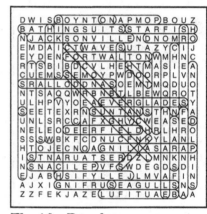

Florida Beaches

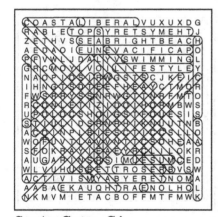

Santa Cruz, CA

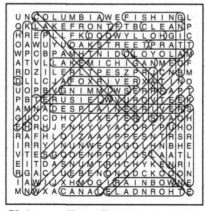

Chicago Beaches

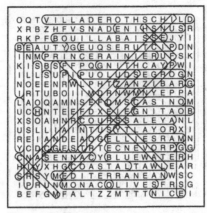

French Riviera

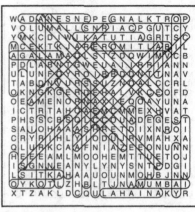

Seaports

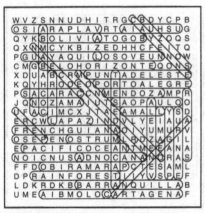

South American Adventure

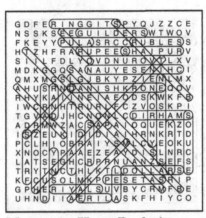

Money in Your Pocket

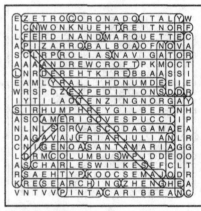

Exploration

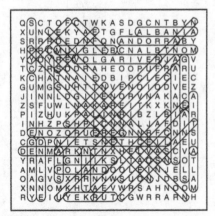

Vacation in Europe

Australian Adventure

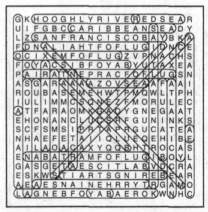

Seas Across the Globe

Chapter 5:
Around the World

Chapter 5: Around the World
(continued)

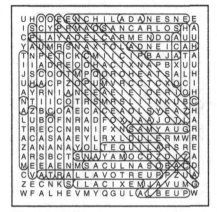

Fun in Mexico

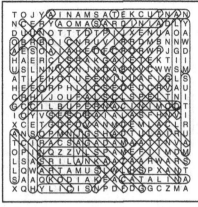

Islands

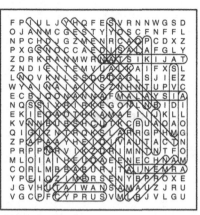

Across Asia

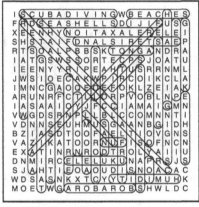

South Pacific

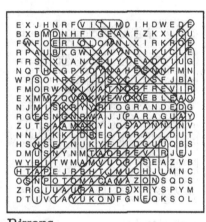

Rivers

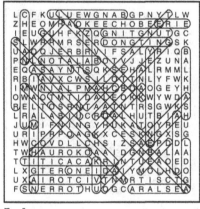

Lakes

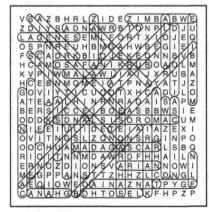

Into Africa

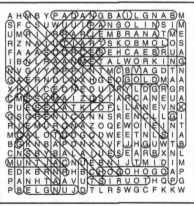

Bali

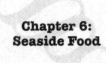

Chapter 6:
Seaside Food

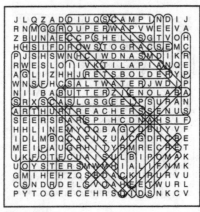

Seafood

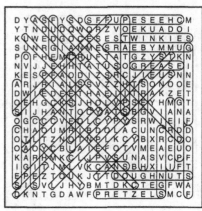

Junk Food

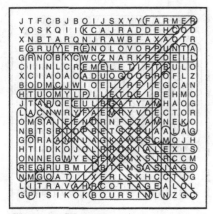

Cheese Please

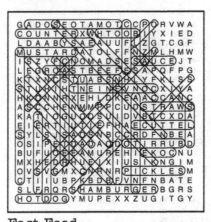

Fast Food

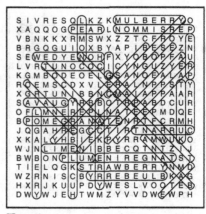

Fruits

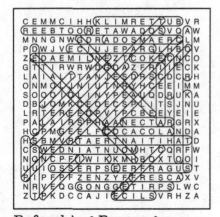

Refreshing Beverages

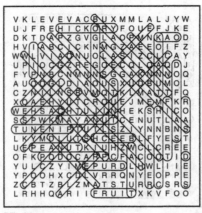

Nutty

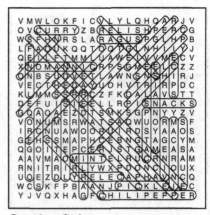

On the Side

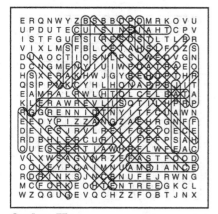

Order Up

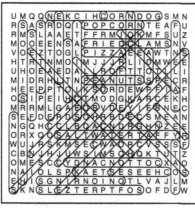

Boardwalk Cuisine

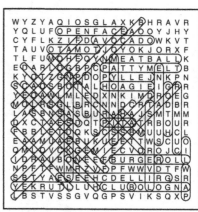

Sandwiches

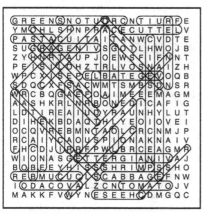

Healthy Salads

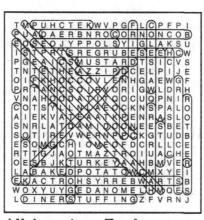

All-American Food

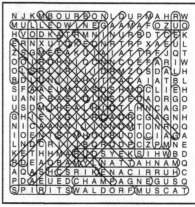

Cocktails on the Beach

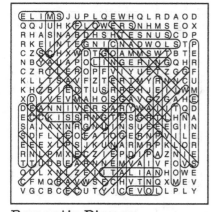

Romantic Dinner

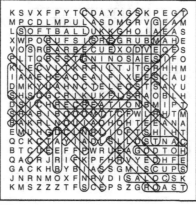

Picnics

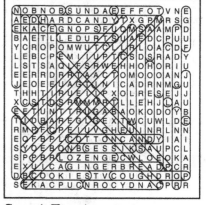

Sweet Treats

Chapter 7: Beach Music, Movies, and TV

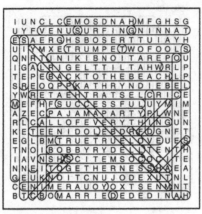

Frankie Avalon

Movie Actresses

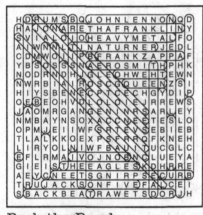

Rock the Beach

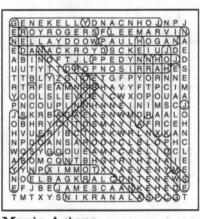

Movie Actors

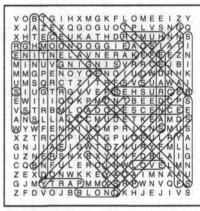

Gidget

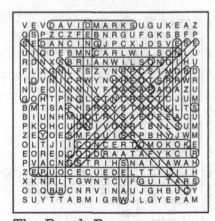

The Beach Boys

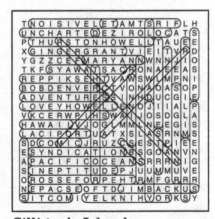

Gilligan's Island

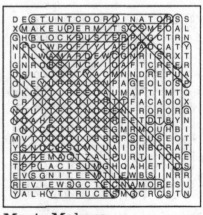

Movie Makers

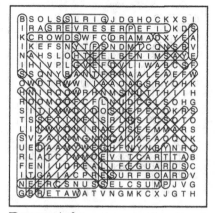

Baywatch

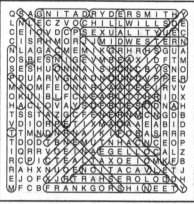

Where the Boys Are

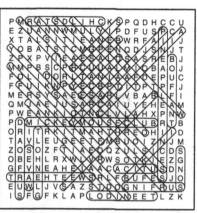

Annette Funicello

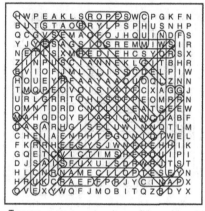

Jaws

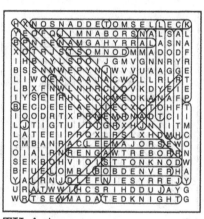

TV Actors

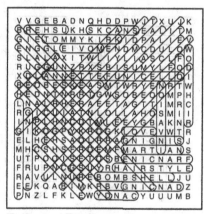

Pajama Party

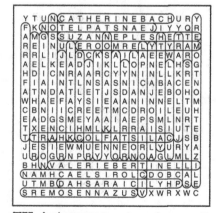

TV Actresses

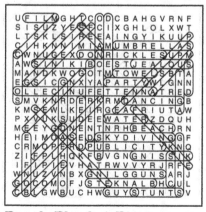

Beach Blanket Bingo

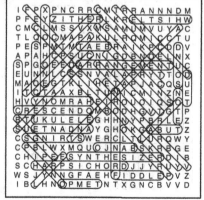

Musical Things

Chapter 8: Beach House

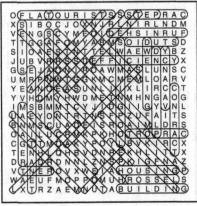

Vacation Rental

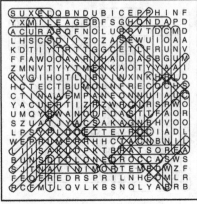

In the Garage

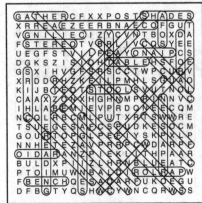

The Living Room

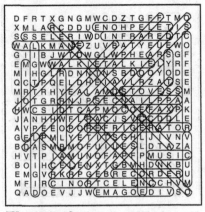

Kitchen Things

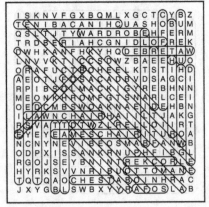

In the Closet

Parts of a House

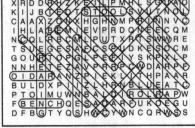

Electrical

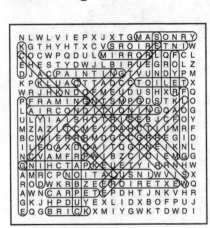

Furnishings

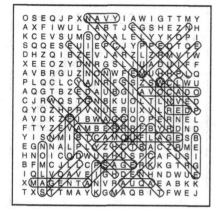

Colors Around the House

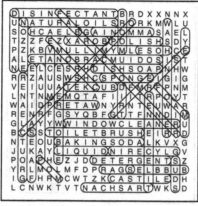

House Cleaning

Chapter 9: Summer Wordplay

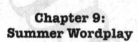

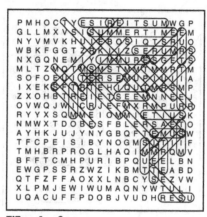

Words from
S-U-M-M-E-R-T-I-M-E

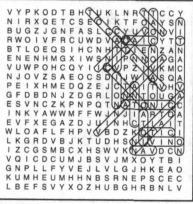

Words from V-A-C-A-T-I-O-N

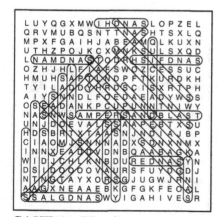

SAND in Words

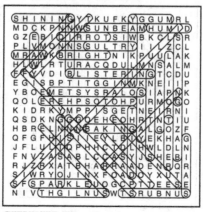

SUNNY Words

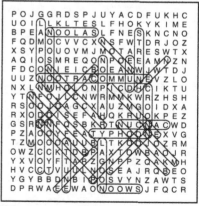

Rhymes with June

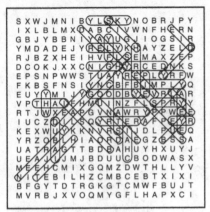

Rhymes with July

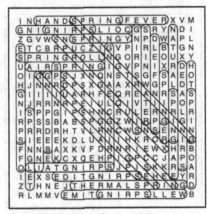

SPRING Words

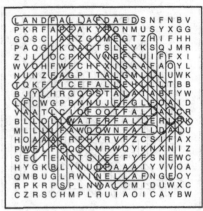

FALL words

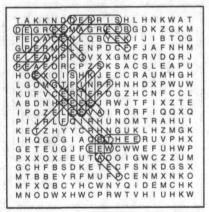

Rhymes with Sea

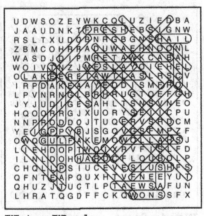

Water Words

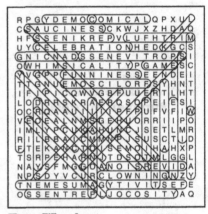

Fun Words

Chapter 10: Fun Fun Fun!

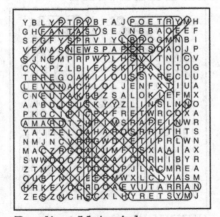

Reading Material

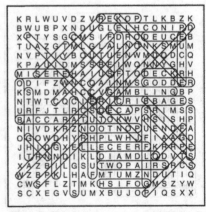

Card Games

Chapter 10: Fun Fun Fun!
(continued)

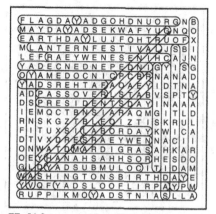

Holiday at the Beach

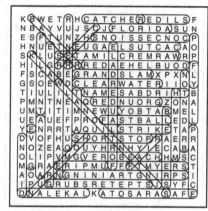

Spring Training

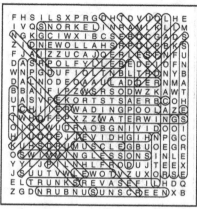

Cool Pool

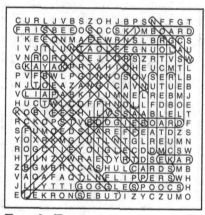

Beach Toys

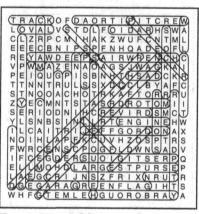

Daytona 500

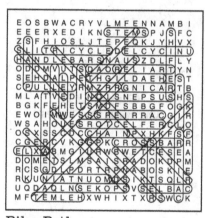

Bike Path

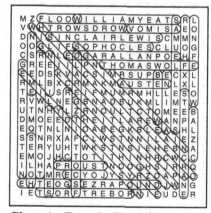

Classic Beach Reading

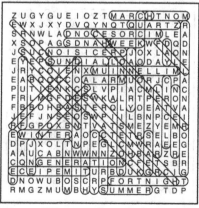

Time Flies

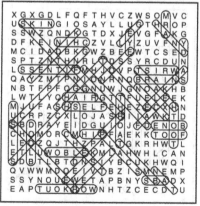

Beach Body

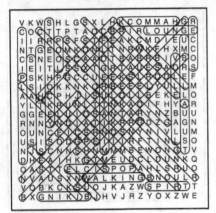

Fun in the Sun

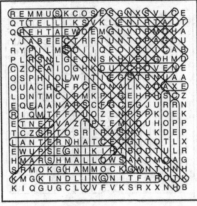

Beach Camping

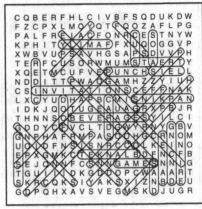

Beach Party

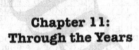

Chapter 11:
Through the Years

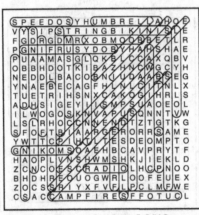

Beach Fun in the 1970s

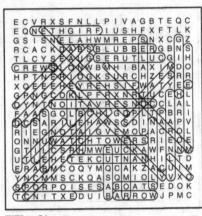

Whaling

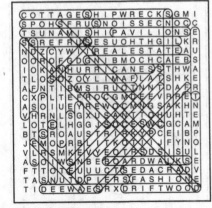

Beach History

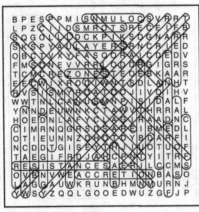

Coastal Erosion

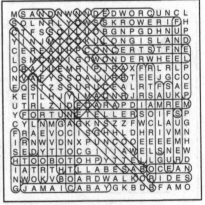

Coney Island

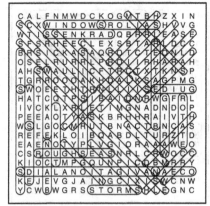

Lighthouses

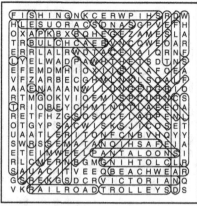

Beach Fun in the 1800s

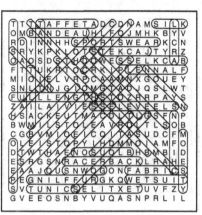

Old Fashion

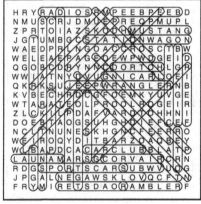

Beach Cars

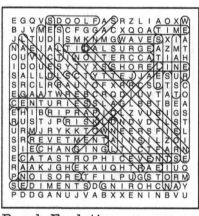

Beach Evolution

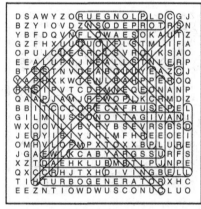

Submarine History

Chapter 12: Vacation at the Shore

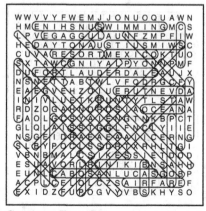

Spring Break

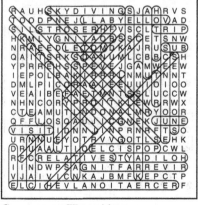

Summer Vacation

Chapter 12: Vacation at the Shore (continued)

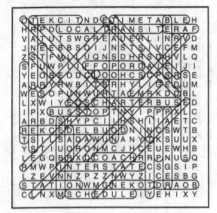

Beach Bus

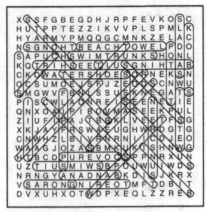

Beachwear

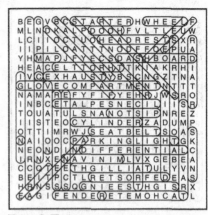

Road Trip

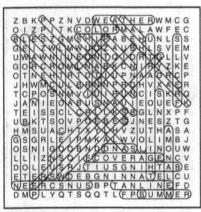

Suntan

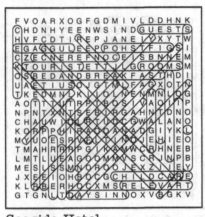

Seaside Hotel

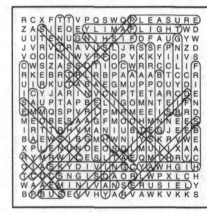

Get Away

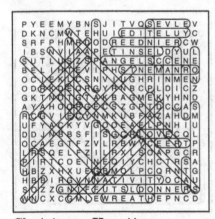

Christmas Vacation

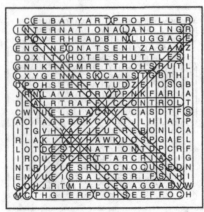

Air Travel